Couverture supérieure manquante

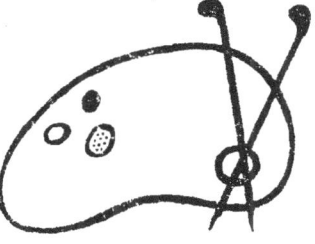

Original en couleur

NF Z 43-120-B

COUVERTURE SUPERIEURE D'IMPRIMEUR.

COUVERTURE INFERIEURE D'IMPRIMEUR.

NOUVEAUX

CONTES A NINON

OUVRAGES DU MÊME AUTEUR

DANS LA BIBLIOTHÈQUE CHARPENTIER

à 3 fr. 50 le volume

LES ROUGON-MACQUART

Histoire naturelle et sociale d'une famille sous le second Empire.

3063-79. — CORBEIL. Typ. et stér. de CRÉTÉ.

ÉMILE ZOLA

NOUVEAUX
CONTES A NINON

PARIS

G. CHARPENTIER, ÉDITEUR

13, RUE DE GRENELLE-SAINT-GERMAIN, 13

1879

A NINON

1

A NINON

—

Il y a juste dix ans, ma chère âme, que je t'ai
conté mes premiers contes. Quels beaux amoureux nous étions alors ! J'arrivais de cette terre
de Provence, où j'ai grandi si libre, si confiant, si
plein de tous les espoirs de la vie. J'étais à toi, à
toi seule, à ta tendresse, à ton rêve.

Te souviens-tu, Ninon ? Le souvenir est aujour-
d'hui l'unique joie où mon cœur se repose. Jusqu'à vingt ans, nous avons battu ensemble les
sentiers. J'entends tes petits pieds sur la terre
dure ; j'aperçois des bouts de ta jupe blanche au
ras des herbes folles ; je sens ton haleine parmi
de lointains souffles de sauge, qui m'arrivent
comme des bouffées de jeunesse. Et les heures

charmantes se précisent : c'était un matin, sur la berge, au bord de l'eau réveillée à peine, toute pure, toute rose des premières rougeurs du ciel ; c'était une après-midi, dans les arbres, dans un trou de feuilles, avec la campagne écrasée, dormant autour de nous, sans un frisson ; c'était un soir, au milieu d'un pré, lentement noyé sous le flot bleuâtre du crépuscule, qui coulait des coteaux ; c'était une nuit, marchant le long d'une route interminable, allant tous deux à l'inconnu, insoucieux des étoiles elles-mêmes, au seul bonheur de laisser la ville, de nous perdre loin, très-loin, au fond de l'ombre discrète. Te souviens-tu, Ninon ?

Quelle vie heureuse ! Nous étions lâchés dans l'amour, dans l'art, dans le songe. Il n'est pas de buisson qui n'ait caché nos baisers, étouffé nos causeries. Je t'emmenais, je te promenais, comme la vivante poésie de mon enfance. A nous deux, nous avions le ciel, la terre, et les arbres, et les eaux, jusqu'aux roches nues qui fermaient l'horizon. Il me semblait, à cet âge, qu'en ouvrant les bras, j'allais prendre toute la campagne sur ma poitrine, pour lui donner un baiser de paix. Je me sentais des forces, des désirs, des bontés de géant. Nos courses de gamins échappés,

nos amours d'oiseaux libres, m'avaient inspiré un
grand mépris du monde, une tranquille croyance
aux seules énergies de la vie. Oui, c'est dans tes
tendresses de toutes les heures, mon amie, que
j'ai fait jadis cette provision de courage, dont mes
compagnons, plus tard, se sont si souvent étonnés.
Les illusions de nos cœurs étaient des armures
d'acier fin, qui me protègent encore.

Je te quittai, je quittai cette Provence dont tu
étais l'âme, et ce fut toi que, dès la veille de la
lutte, j'invoquais comme une bonne sainte. Tu eus
mon premier livre. Il était tout plein de ton être,
tout parfumé du parfum de tes cheveux. Tu m'a-
vais envoyé au combat, avec un baiser au front,
en amante brave qui veut la victoire du soldat
qu'elle aime. Et moi, je ne me souvenais toujours
que de ce baiser, je ne pensais qu'à toi, je ne pouvais parler que de toi.

Dix ans se sont écoulés. Ah ! ma chère âme,
que de tempêtes ont grondé, que d'eau noire, que
de débâcles ont passé depuis ce temps sous les
ponts croulants de mes rêves ! Dix ans de travaux
forcés, dix ans d'amertume, de coups donnés et
reçus, d'éternel combat ! J'ai le cœur et le cerveau tout balafrés de blessures. Si tu voyais ton
amoureux de jadis, ce grand garçon souple **qui**

1.

rêvait de déplacer les montagnes d'une chique-
naude, si tu le voyais passer dans le jour blafard
de Paris, la face terreuse, alourdi de lassitude, tu
grelotterais, ma pauvre Ninon, en regrettant les
clairs soleils, les midis ardents, éteints à jamais.
Certains soirs, je suis si brisé, que j'ai une envie
lâche de m'asseoir au bord de la route, quitte à
m'endormir pour toujours dans le fossé. Et sais-
tu, Ninon, ce qui me pousse sans cesse en avant,
ce qui me rend du cœur, à chaque faiblesse? C'est
ta voix, ma bien-aimée, ta voix lointaine, ton filet
de voix pure qui me crie mes serments.

Certes, je te sais fille de courage. Je puis te
montrer mes plaies, tu ne m'en aimeras que
mieux. Cela me soulagera de me plaindre à toi,
qui me consoleras. Je n'ai pas quitté la plume un
seul jour, mon amie ; je me suis battu en soldat
qui a son pain à gagner ; si la gloire vient, elle
m'empêchera de manger mon pain sec. Que de
besogne mauvaise, et dont j'ai encore le dégoût à
la gorge ! Pendant dix ans, j'ai alimenté comme
tant d'autres du meilleur de moi la fournaise du
journalisme. De ce labeur colossal, il ne reste
rien, qu'un peu de cendre. Feuilles jetées au vent,
fleurs tombées à la boue, mélange de l'excellent
et du pire, gâché dans l'auge commune. J'ai tou-

ché à toutes choses, je me suis sali les mains dans
ce torrent de médiocrité trouble qui coule à pleins
bords. Mon amour de l'absolu saignait, au milieu
de ces niaiseries, si grosses d'importance le matin, si oubliées le soir. Lorsque je rêvais quelque
coup de pouce éternel donné dans le granit, quelque œuvre de vie plantée debout à jamais, je
soufflais des bulles de savon que crevait l'aile des
mouches ronflantes au soleil. J'aurais glissé à l'hé-
bétement d métier si, dans mon amour de la
force, je n'avais eu une consolation, celle de cette
production incessante, qui me rompait à toutes
les fatigues.

Puis, mon amie, j'étais armé en guerre. Tu ne
saurais croire les soulèvements de colère que la
sottise produisait en moi. J'avais la passion de
mes opinions, j'aurais voulu enfoncer mes croyances dans la gorge des autres. Un livre me rendait
malade, un tableau me désespérait comme une
catastrophe publique ; je vivais dans une bataille
continue d'admiration et de mépris. En dehors
des lettres, en dehors de l'art, le monde n'était
plus. Et quels coups de plume, quels chocs furieux
pour faire la place nette ! Aujourd'hui, je hausse
les épaules. Je suis un vieil endurci dans le mal,
j'ai gardé ma foi, je crois même être plus intraita-

ble encore ; mais je me contente de m'enfermer et
de travailler. C'est la seule façon de discuter sai-
nement ; car les œuvres ne sont que des arguments, dans l'éternelle discussion du beau.

Tu penses bien que je ne suis pas sorti intact de
la bataille. J'ai des cicatrices un peu partout, je te
l'ai dit, au cerveau et au cœur. Je ne riposte plus,
j'attends qu'on s'habitue à mon air. Peut-être ainsi
pourrai-je te revenir entier. C'est que, mon amie,
j'ai quitté nos galants sentiers d'amoureux, où les
fleurs poussent, où l'on ne cueille que des sourires. J'ai pris la grand'route, grise de poussière,
aux arbres maigres ; je me suis même, je le confesse, arrêté curieusement devant des chiens cre-
vés, au coin des bornes ; j'ai parlé de vérité, j'ai
prétendu qu'on pouvait tout écrire, j'ai voulu
prouver que l'art est dans la vie et non ailleurs.
Naturellement, on m'a poussé au ruisseau. Moi,
Ninon, moi qui ai employé ma jeunesse à glaner
pour ton corsage les paquerettes et les bluets !

Tu me pardonneras mes infidélités d'amant.
Les hommes ne peuvent rester toujours dans les
jupes des filles. Il vient une heure où vos fleurs
sont trop douces. Tu te rappelles la pâle soirée
d'automne, la soirée de nos adieux ? C'est au sortir de tes bras frêles, que la vérité m'a emporté

dans ses dures mains. J'ai été fou d'analyse exacte. Après les travaux courants, je prenais mes nuits, j'écrivais page à page les livres qui me hantaient. Si j'ai un orgueil, j'ai celui de cette volonté, dont l'effort m'a tiré lentement des besognes du métier. J'ai mangé, sans rien vendre de mes croyances. Je te devais ces confidences, à toi qui as le droit de savoir quel homme est devenu l'enfant dont tu as protégé les débuts.

Aujourd'hui, ma seule souffrance est d'être seul. Le monde finit à la grille de mon jardin. Je me suis enfermé chez moi pour ne mettre que le travail dans ma vie, et je me suis si bien enfermé, que personne ne vient plus. C'est pourquoi, ma chère âme, j'ai évoqué ton souvenir, au milieu de la lutte. J'étais trop seul, après dix ans de séparation ; je voulais te revoir, te baiser les cheveux, te dire que je t'aime toujours. Cela me soulage. Viens, et n'aie point peur, je ne suis pas si noir qu'on me fait. Je t'assure, je t'aime toujours, je rêve d'avoir encore des roses, pour en mettre un bouquet à ton sein. J'ai des envies de laitage. Si je ne craignais de faire rire, je t'emmènerais sous quelque charmille, avec un mouton blanc, pour nous dire tous les trois des choses tendres.

Et sais-tu ce que j'ai fait, Ninon pour te rete-

nir auprès de moi toute cette nuit? Je te le donne
en mille. J'ai fouillé le passé, j'ai cherché dans
ces centaines de pages écrites un peu partout, si
je n'en trouverais pas d'assez délicates pour tes
oreilles. Au beau milieu de mes rudesses, il m'a
plu de mettre cette douceur. Oui, j'ai voulu ce régal pour nous deux. Nous redevenons enfants,
nous goûtons sur l'herbe. Ce sont des contes, rien
que des contes, de la confiture dans de la porce-
laine de gamins. N'est-ce pas charmant? trois groseilles, deux grains de raisin sec, suffiront à notre
faim, et nous nous griserons avec cinq gouttes de
vin dans de l'eau claire. Écoute, curieuse. J'ai d'a-
bord quelques contes assez décents; certains
même ont un commencement et une fin; d'autres,
il est vrai, vont pieds nus, après avoir jeté leur
bonnet par-dessus les toits. Mais, je dois t'avertir
que, plus loin, nous entrerons dans des fantaisies
qui battent absolument la campagne. Dame! j'ai
tout glané, il fallait bien te retenir la nuit entière.
Là, je chante la chanson des « t'en souviens-tu? »
Ce sont nos souvenirs à la queue-leu-leu, ma fille;
tout ce qu'il y a de plus doux pour nous, le meilleur de nos amours. Si cela ennuie les autres, tant
pis! ils n'ont pas besoin de venir mettre le nez
dans nos affaires. Puis, pour te garder encore,

j'entamerai une longue histoire, la dernière, celle qui nous mènera, je l'espère, jusqu'au matin. Elle est tout au bout des autres, placée à dessein pour t'endormir dans mes bras. Nous laisserons tomber le volume, et nous nous embrasserons.

Ah! Ninon, quelle débauche de blanc et de rose! Je ne promets pas cependant que, malgré tous mes soins à enlever les épines, il ne reste pas quelque goutte de sang dans ma botte de fleurs. Je n'ai plus les mains assez pures pour nouer des bouquets sans danger. Mais ne t'inquiète point : si tu te piques, je baiserai tes doigts, je boirai ton sang. Ce sera moins fade.

Demain, j'aurai rajeuni de dix ans. Il me semblera que j'arrive de la veille, du fond de notre jeunesse, avec le miel de ton baiser aux lèvres. Ce sera le recommencement de ma tâche. Ah! Ninon, je n'ai rien fait encore. Je pleure sur cette montagne de papier noirci ; je me désole à penser que je n'ai pu étancher ma soif du vrai, que la grande nature échappe à mes bras trop courts. C'est l'âpre désir, prendre la terre, la posséder dans une étreinte, tout voir, tout savoir, tout dire. Je voudrais coucher l'humanité sur une page blanche, tous les êtres, toutes les choses ; une œuvre qui serait l'arche immense.

Et ne m'attends pas de longtemps au rendez-vous que je t'ai donné, en Provence, après la tâche achevée. Il y a trop à faire. Je veux le roman, je veux le drame, je veux la vérité partout. Ne m'apporte plus ton cher souvenir que la nuit ; viens sur le rayon de lune qui glisse entre mes rideaux, à l'heure où je pourrai pleurer avec toi sans être vu. J'ai besoin de toute ma virilité. Plus tard, oh ! plus tard, ce sera moi qui irai te retrouver dans les campagnes tièdes encore de nos tendresses. Nous serons bien vieux ; mais nous nous aimerons toujours. Tu me mèneras en pèlerinage sur la berge, au bord de l'eau, réveillée à peine ; dans les trous de feuilles, avec la campagne ardente dormant autour de nous ; au milieu des prés, lentement noyés sous le flot bleuâtre du crépuscule ; le long de la route interminable, insoucieux des étoiles, au seul bonheur de nous perdre dans l'ombre. Et les arbres, les brins d'herbe, jusqu'aux cailloux, nous reconnaîtront de loin, à nos baisers, et nous souhaiteront la bien-venue.

Écoute, pour que nous ne nous cherchions pas je veux te dire derrière quelle haie j'irai te prendre. Tu sais l'endroit où la rivière fait un coude, après le pont, plus bas que le lavoir, juste en face au grand rideau de peupliers ? Souviens-toi, nous nous y sommes baisé les mains, un matin de mai. Eh bien ! à gauche, il y a une haie d'aubépines, ce mur de verdure au pied duquel nous nous couchions pour ne plus voir que le bleu du ciel. C'est derrière la haie d'aubépines, ma chère âme, que je te donne rendez-vous, à des années, un jour de soleil pâle, lorsque ton cœur me saura dans les environs.

Émile ZOLA.

Paris, 1er octobre 1874.

CONTES

UN BAIN

Je te le donne en mille, Ninon. Cherche, invente, imagine : un vrai conte bleu, quelque chose de terrifiant et d'invraisemblable... Tu sais, la petite baronne, cette excellente Adeline de C***, qui avait juré... Non, tu ne devinerais pas, j'aime mieux te tout dire.

Eh bien! Adeline se remarie, positivement. Tu doutes, n'est-ce pas? Il faut que je sois au Mesnil-Rouge, à soixante-sept lieues de Paris, pour croire à une pareille histoire. Ris, le mariage ne s'en fera pas moins. Cette pauvre Adeline, qui était veuve à vingt-deux ans, et que la haine et le mépris des hommes rendaient si jolie! En deux mois de vie commune, le défunt, un digne homme, certes, pas trop mal conservé, qui eût été parfait sans les infirmités dont il est mort, lui avait ensei-

2.

gné toute l'école du mariage. Elle avait juré que
l'expérience suffisait. Et elle se remarie! Ce que
c'est que de nous, pourtant !

Il est vrai qu'Adeline a eu de la maléchance. On
ne prévoit pas une aventure pareille. Et si je te disais qui elle épouse ! Tu connais le comte Octave
de R***, ce grand jeune homme qu'elle détestait si
parfaitement. Ils ne pouvaient se rencontrer sans
échanger des sourires pointus, sans s'égorger doucement avec des phrases aimables. Ah! les malheureux ! si tu savais où ils se sont rencontrés une
dernière fois... Je vois bien qu'il faut que je te
conte ça. C'est tout un roman. Il pleut ce matin.
Je vais mettre la chose en chapitres.

I

Le Château est à six lieues de Tours. Du Mesnil-
Rouge, j'en vois les toits d'ardoise, noyés dans les
verdures du parc. On le nomme le Château de la
Belle-au-Bois-dormant, parce qu'il fut jadis habité
par un seigneur qui faillit y épouser une de ses
fermières. La chère enfant y vécut cloîtrée, et je
crois que son ombre y revient. Jamais pierres
n'ont eu une telle senteur d'amour.

La Belle qui y dort aujourd'hui est la vieille comtesse de M***, une tante d'Adeline. Il y a trente ans qu'elle doit venir passer un hiver à Paris. Ses nièces et ses neveux lui donnent chacun une quinzaine, à la belle saison. Adeline est très-ponctuelle. D'ailleurs, elle aime le Château, une ruine légendaire que les pluies et les vents émiettent, au milieu d'une forêt vierge.

La vieille comtesse a formellement recommandé de ne toucher ni aux plafonds qui se lézardent, ni aux branches folles qui barrent les allées. Elle est heureuse de ce mur de feuilles qui s'épaissit là, chaque printemps, et elle dit, d'ordinaire, que la maison est encore plus solide qu'elle. La vérité est que toute une aile est par terre. Ces aimables retraites, bâties sous Louis XV, étaient, comme les amours du temps, un déjeuner de soleil. Les plâtres se sont fendus, les planchers ont cédé, la mousse a verdi jusqu'aux alcôves. Toute l'humidité du parc a mis là une fraîcheur où passe encore l'odeur musquée des tendresses d'autrefois.

Le parc menace d'entrer dans la maison. Des arbres ont poussé au pied des perrons, dans les fentes des marches. Il n'y a plus que la grande allée qui soit carrossable; encore faut-il que le cocher conduise ses bêtes à la main. A droite, à

gauche, les taillis restent vierges, creusés de rares
sentiers, noirs d'ombre, où l'on avance, les mains
tendues, écartant les herbes. Et les troncs abattus
font des impasses de ces bouts de chemins, tandis
que les clairières rétrécies ressemblent à des puits
ouverts sur le bleu du ciel. La mousse pend des
branches, les douces-amères tendent des rideaux
sous les futaies ; des pullulements d'insectes, des
bourdonnements d'oiseaux qu'on ne voit pas, donnent une étrange vie à cette énormité de feuillages. J'ai eu souvent de petits frissons de peur,
en allant rendre visite à la comtesse ; les taillis
me soufflaient sur la nuque des haleines inquié-
tantes.

Mais il y a surtout un coin délicieux et troublant, dans le parc : c'est à gauche du Château, au
bout d'un parterre, où il ne pousse plus que des
coquelicots aussi grands que moi. Sous un bouquet
d'arbres, une grotte se creuse, s'enfonçant au milieu d'une draperie de lierre, dont les bouts
traînent jusque dans l'herbe. La grotte, envahie,
obstruée, n'est plus qu'un trou noir, au fond duquel on aperçoit la blancheur d'un Amour de plâtre, souriant, un doigt sur la bouche. Le pauvre
Amour est manchot, et il a, sur l'œil droit, une
tache de mousse qui le rend borgne. Il semble

garder, avec son sourire pâle d'infirme, quelque amoureuse dame morte depuis un siècle.

Une eau vive, qui sort de la grotte, s'étale en large nappe au milieu de la clairière ; puis, elle s'échappe par un ruisseau perdu sous les feuilles. C'est un bassin naturel, au fond de sable, dans lequel les grands arbres se regardent ; le trou bleu du ciel fait une tache bleue au centre du bassin. Des joncs ont grandi, des nénufars ont élargi leurs feuilles rondes. On n'entend, dans le jour verdâtre de ce puits de verdure, qui semble s'ouvrir en haut et en bas sur le lac du grand air, que la chanson de l'eau, tombant éternellement, d'un air de lassitude douce. De longues mouches d'eau patinent dans un coin. Un pinson vient boire, avec des mines délicates, craignant de se mouiller les pattes. Un frisson brusque des feuilles donne à la mare une pâmoison de vierge dont les paupières battent. Et, du noir de la grotte, l'Amour de plâtre commande le silence, le repos, toutes les discrétions des eaux et des bois, à ce coin voluptueux de nature.

II

Lorsque Adeline accorde une quinzaine à sa tante, ce pays de loups s'humanise. Il faut élargir les allées pour que les jupes d'Adeline puissent passer. Elle est venue, cette saison, avec trente-deux malles, qu'on a dû porter à bras, parce que le camion du chemin de fer n'a jamais osé s'engager dans les arbres. Il y serait resté, je te le jure.

D'ailleurs, Adeline est une sauvage, comme tu sais. Elle est fêlée, là, entre nous. Au couvent, elle avait des imaginations vraiment drôles. Je la soupçonne de venir au Château de la Belle-au-Bois-dormant pour y dépenser, loin des curieux, son appétit d'extravagances. La tante reste dans son fauteuil, le Château appartient à la chère enfant qui doit y rêver les plus étonnantes fantaisies. Cela la soulage. Quand elle sort de ce trou, elle est sage pour une année.

Pendant quinze jours, elle est la fée, l'âme des verdures. On la voit en toilette de gala, promener des dentelles blanches et des nœuds de soie au milieu des broussailles. On m'a même assuré l'a-

voir rencontrée en marquise Pompadour, avec de
la poudre et des mouches, assise sur l'herbe, dans
le coin le plus désert du parc. D'autres fois, on a
aperçu un petit jeune homme blond qui suivait
doucement les allées. Moi, j'ai une peur affreuse
que le petit jeune homme ne soit cette chère to-
quée.

Je sais qu'elle fouille le Château des caves aux
greniers. Elle furète dans les encoignures les plus
noires, sonde les murs de ses petits poings, flaire
de son nez rose toute cette poussière du passé. On
la trouve sur des échelles, perdue au fond des
grandes armoires, l'oreille tendue aux fenêtres,
rêveuse devant les cheminées, avec l'envie évidente
de monter dedans et de regarder. Puis, comme
elle ne trouve sans doute pas ce qu'elle cherche,
elle court le parterre aux grands coquelicots, les
sentiers noirs d'ombre, les clairières blanches de
soleil. Elle cherche toujours, le nez au vent, sai-
sissant le lointain et vague parfum d'une fleur de
tendresse qu'elle ne peut cueillir.

Positivement, je te l'ai dit, Ninon, le vieux Château sent l'amour, au milieu de ses arbres farouches. Il y a eu une fille enfermée là dedans, et les
murs ont conservé l'odeur de cette tendresse,
comme les vieux coffrets où l'on a serré des bou-

quets de violettes. C'est cette odeur-là, je le jurerais, qui monte à la tête d'Adeline et qui la grise.
Puis, quand elle a bu ce parfum de vieil amour,
quand elle est grise, elle partirait sur un rayon de
lune visiter le pays des contes, elle se laisserait
baiser au front par tous les chevaliers de passage
qui voudraient bien l'éveiller de son rêve de cent
ans.

Des langueurs la prennent, elle porte des petits
bancs dans le bois pour s'asseoir. Mais, par les
jours de grandes chaleurs, son soulagement est
d'aller se baigner, la nuit, dans le bassin, sous
les hauts feuillages. C'est là sa retraite. Elle est la
fille de la source. Les joncs ont des tendresses pour
elle. L'Amour de plâtre lui sourit, quand elle
laisse tomber ses jupes et qu'elle entre dans l'eau,
avec la tranquillité de Diane confiante dans la solitude. Elle n'a que les nénufars pour ceinture,
sachant que les poissons eux-mêmes dorment d'un
sommeil discret. Elle nage doucement, ses épaules
blanches hors de l'eau, et l'on dirait un cygne gon-
flant les ailes, filant sans bruit. La fraîcheur calme
ses anxiétés. Elle serait parfaitement tranquille,
sans l'Amour manchot qui lui sourit.

Une nuit, elle est allée au fond de la grotte, malgré la peur horrible de cette ombre humide ; elle

s'est dressée sur là pointe des pieds, mettant l'o-
reille aux lèvres de l'Amour, pour savoir s'il ne
lui dirait rien.

III

Ce qu'il y a d'affreux, cette saison, c'est que la
pauvre Adeline, en arrivant au Château, a trouvé,
installé dans la plus belle chambre, le comte Octave de R..., ce grand jeune homme, son ennemi
mortel. Il paraît qu'il est quelque peu le petit cou-
sin de la vieille madame de M... Adeline a juré
qu'elle le délogerait. Elle a bravement défait ses
malles, et elle a repris ses courses, ses fouilles
éternelles. Octave, pendant huit jours, l'a tranquillement regardée de sa fenêtre, en fumant des ci-
gares. Le soir, plus de paroles aiguës, plus de
guerre sourde. Il était d'une telle politesse, qu'elle
a fini par le trouver assommant, et qu'elle ne s'est
plus occupée de lui. Lui, fumait toujours; elle, battait le parc et prenait ses bains.

C'était vers minuit qu'elle descendait à la nappe
d'eau, quand tout le monde dormait. Elle s'assu-
rait surtout si le comte Octave avait bien soufflé sa
bougie. Alors, à petits pas, elle s'en allait, comme

3

à un rendez-vous d'amour, avec des désirs tout
sensuels pour l'eau froide. Elle avait un petit frisson de peur exquis, depuis qu'elle savait un homme
au Château. S'il ouvrait une fenêtre, s'il apercevait un coin de son épaule à travers les feuilles !
Rien que cette pensée la faisait grelotter, quand
elle sortait ruisselante de la nappe, et qu'un rayon
de lune blanchissait sa nudité de statue.

Une nuit, elle descendit vers onze heures. Le
Château dormait depuis deux grandes heures. Cette
nuit-là, elle se sentait des hardiesses particulières.
Elle avait écouté à la porte du comte, et elle croyait
l'avoir entendu ronfler. Fi ! un homme qui ronfle !
Cela lui avait donné un grand mépris pour les
hommes, un grand désir des caresses fraîches de
l'eau, dont le sommeil est si doux. Elle s'attarda
sous les arbres, prenant plaisir à détacher ses
vêtements un à un. Il faisait très-sombre, la lune
se levait à peine; et le corps blanc de la chère
enfant ne mettait sur la rive qu'une blancheur
vague de jeune bouleau. Des souffles chauds venaient du ciel, qui passaient sur ses épaules avec
des baisers tièdes. Elle était très à l'aise, un peu
languissante, un peu étouffée par la chaleur, mais
pleine d'une nonchalance heureuse qui lui faisait,
sur le bord, tâter la source du pied.

Cependant, la lune tournait, éclairait déjà un coin de la nappe. Alors, Adeline, épouvantée, aperçut sur cette nappe une tête qui la regardait, dans ce coin éclairé. Elle se laissa glisser, se mit de l'eau jusqu'au menton, croisa les bras comme pour ramener sur sa poitrine tous les voiles tremblants du bassin, et demanda d'une voix frémissante :

— Qui est là?... Que faites-vous là?

— C'est moi, madame, répondit tranquillement le comte Octave.... N'ayez pas peur, je prends un bain.

IV

Il se fit un silence formidable. Il n'y avait plus, sur la nappe d'eau, que les ondulations qui s'élargissaient lentement autour des épaules d'Adeline et qui allaient mourir sur la poitrine du comte, avec un clapotement léger. Celui-ci, tranquillement, leva les bras, fit le geste de prendre une branche de saule pour sortir de l'eau.

— Restez, je vous l'ordonne, cria Adeline d'une voix terrifiée.... Rentrez dans l'eau, rentrez dans l'eau bien vite !

— Mais, madame, répondit-il en rentrant dans
l'eau jusqu'au cou, c'est qu'il y a plus d'une heure
que je suis là.

— Ça ne fait rien, monsieur, je ne veux pas que
vous sortiez, vous comprenez.... Nous attendrons.

Elle perdait la tête, la pauvre baronne. Elle parlait d'attendre, sans trop savoir, l'imagination
détraquée par les éventualités terribles qui la
menaçaient. Octave eut un sourire.

— Mais, hasarda-t-il, il me semble qu'en tournant le dos....

— Non, non, monsieur ! Vous ne voyez donc pas
la lune !

Il était de fait que la lune avait marché et qu'elle
éclairait en plein le bassin. C'était une lune superbe. Le bassin luisait, pareil à un miroir d'argent, au milieu du noir des feuilles ; les joncs, les
nénufars des bords, faisaient sur l'eau des ombres finement dessinées, comme lavées au pinceau,
avec de l'encre de Chine. Une pluie chaude d'é-
toiles tombait dans le bassin par l'étroite ouverture
des feuillages. Le filet d'eau coulait derrière Adeline, d'une voix plus basse et comme moqueuse.
Elle hasarda un coup d'œil dans la grotte, elle vit
l'Amour de plâtre qui lui souriait d'un air d'intelligence.

— La lune, certainement, murmura le comte, pourtant en tournant le dos....

— Non, non, mille fois non. Nous attendrons que la lune ne soit plus là.... Vous voyez, elle marche. Quand elle aura atteint cet arbre, nous serons dans l'ombre....

— C'est qu'il y en a pour une bonne heure, avant qu'elle soit derrière cet arbre !

— Oh ! trois quarts d'heure au plus.... Ça ne fait rien. Nous attendrons.... Quand la lune sera derrière l'arbre, vous pourrez vous en aller.

Le comte voulut protester; mais, comme il faisait des gestes en parlant, et qu'il se découvrait jusqu'à la ceinture, elle poussa de petits cris de détresse si aigus, qu'il dut, par politesse, rentrer dans le bassin jusqu'au menton. Il eut la délicatesse de ne plus remuer. Alors, ils restèrent tous les deux là, en tête-à-tête, on peut le dire. Les deux têtes, cette adorable tête blonde de la baronne, avec les grands yeux que tu sais, et cette tête fine du comte, aux moustaches un peu ironiques, demeurèrent bien sagement immobiles, sur l'eau dormante, à une toise au plus l'une de l'autre. L'Amour de plâtre, sous la draperie de lierre, riait plus fort.

3.

V

Adeline s'était jetée en plein dans les nénufars.
Quand la fraîcheur de l'eau l'eut remise, et qu'elle
eut pris ses dispositions pour passer là une heure,
elle vit que l'eau était d'une limpidité vraiment
choquante. Au fond, sur le sable, elle apercevait
ses pieds nus. Il faut dire que cette diablesse de
lune se baignait, elle aussi, se roulait dans l'eau,
l'emplissait des frétillements d'anguilles de ses
rayons. C'était un bain d'or liquide et transparent.
Peut-être le comte voyait-il les pieds nus sur le
sable, et s'il voyait les pieds et la tête.... Adeline
se couvrit, sous l'eau, d'une ceinture de nénufars. Doucement, elle attira de larges feuilles
rondes qui nageaient, et s'en fit une grande collerette. Ainsi habillée, elle se sentit plus tranquille.

Cependant, le comte avait fini par prendre la
chose stoïquement. N'ayant pas trouvé une racine
pour s'asseoir, il s'était résigné à se tenir à genoux.
Et pour ne pas avoir l'air tout à fait ridicule, avec
de l'eau au menton, comme un homme perdu dans
un plat à barbe colossal, il avait lié conversation
avec la comtesse, évitant tout ce qui pouvait rap-

peler le désagrément de leur position respective.

— Il a fait bien chaud aujourd'hui, madame.

— Oui, monsieur, une chaleur accablante. Heureusement que ces ombrages donnent quelque fraîcheur.

— Oh! certainement.... Cette brave tante est une digne personne, n'est-ce pas?

— Une digne personne, en effet.

Puis, ils parlèrent des dernières courses et des bals qu'on annonce déjà pour l'hiver prochain. Adeline, qui commençait à avoir froid, réfléchissait que le comte devait l'avoir vue pendant qu'elle s'attardait sur la rive. Cela était tout simplement horrible. Seulement, elle avait des doutes sur la gravité de l'accident. Il faisait noir sous les arbres, la lune n'était pas encore là; puis, elle se rappelait, maintenant, qu'elle se tenait derrière le tronc d'un gros chêne. Ce tronc avait dû la protéger. Mais, en vérité, ce comte était un homme abominable. Elle le haïssait, elle aurait voulu que le pied lui glissât, qu'il se noyât. Certes, ce n'est pas elle qui lui aurait tendu la main. Pourquoi, quand il l'avait vue venir, ne lui avait-il pas crié qu'il était là, qu'il prenait un bain? La question se formula si nettement en elle, qu'elle ne put la retenir sur ses lèvres. Elle interrompit le comte, qui parlait de la nouvelle forme des chapeaux.

— Mais je ne savais pas, répondit-il ; je vous assure que j'ai eu très-peur.... Vous étiez toute blanche, j'ai cru que c'était la Belle-au-Bois-dormant qui revenait, vous savez, cette fille qui a été enfermée ici.... J'avais si peur, que je n'ai pas pu crier.

Au bout d'une demi-heure, ils étaient bons amis. Adeline s'était dit qu'elle se décolletait bien dans les bals, et qu'en somme elle pouvait montrer ses épaules. Elle était sortie un peu de l'eau, elle avait échancré la robe montante qui la serrait au cou. Puis, elle avait risqué les bras. Elle ressemblait à une fille des sources, la gorge nue, les bras libres, vêtue de toute cette nappe verte qui s'étalait et s'en allait derrière elle comme une large traine de satin.

Le comte s'attendrissait. Il avait obtenu de faire quelques pas pour se rapprocher d'une racine. Ses dents claquaient un peu. Il regardait la lune avec un intérêt très-vif.

— Hein ! elle marche lentement ? demanda Adeline.

— Eh ! non, elle a des ailes, répondit-il avec un soupir.

Elle se mit à rire, en ajoutant :

— Nous en avons encore pour un gros quart d'heure.

Alors, il profita lâchement de la situation : il lui fit une déclaration. Il lui expliqua qu'il l'aimait depuis deux ans, et que s'il la taquinait, c'était qu'il avait trouvé cela plus drôle que de lui dire des fadeurs. Adeline, prise d'inquiétude, remonta sa robe verte jusqu'au cou, fourra les bras dans les manches. Elle ne passait plus que le bout de son nez rose sous les nénufars ; et, comme elle recevait en plein la lune dans les yeux, elle était tout étourdie, tout éblouie. Elle ne voyait plus le comte, quand elle entendit un grand barbottement et qu'elle sentit l'eau s'agiter et lui monter aux lèvres.

— Voulez-vous bien ne pas remuer ! cria-t-elle ; voulez-vous bien ne pas marcher comme cela dans l'eau !

— Mais je n'ai pas marché, dit le comte, j'ai glissé... Je vous aime !

— Taisez-vous, ne remuez plus, nous parlerons

de tout cela, quand il fera noir... Attendons que la lune soit derrière l'arbre...

VII

La lune se cacha derrière l'arbre. L'Amour de plâtre éclata de rire.

LES FRAISES

I

Un matin de juin, en ouvrant la fenêtre, je reçus au visage un souffle d'air frais. Il avait fait pendant la nuit un violent orage. Le ciel paraissait comme neuf, d'un bleu tendre, lavé par l'averse jusque dans ses plus petits coins. Les toits, les arbres dont j'apercevais les hautes branches entre les cheminées, étaient encore trempés de pluie, et ce bout d'horizon riait sous le soleil jaune. Il montait des jardins voisins une bonne odeur de terre mouillée.

— Allons, Ninette, criai-je gaiement, mets ton chapeau, ma fille... Nous partons pour la campagne.

Elle battit des mains. Elle eut terminé sa toilette

en dix minutes, ce qui est très-méritoire pour
une coquette de vingt ans.

A neuf heures, nous étions dans les bois de
Verrières.

II

Quels bois discrets, et que d'amoureux y ont
promené leurs amours! Pendant la semaine, les
taillis sont déserts, on peut marcher côte à côte,
les bras à la taille, les lèvres se cherchant, sans
autre danger que d'être vus par les fauvettes des
buissons. Les allées s'allongent, hautes et larges,
à travers les grandes futaies; le sol est couvert
d'un tapis d'herbe fine, sur lequel le soleil,
trouant les feuillages, jette des palets d'or. Et
il y a des chemins creux, des sentiers étroits,
très-sombres, où l'on est obligé de se serrer l'un
contre l'autre. Et il y a encore des fourrés impé-
nétrables, où l'on peut se perdre, si les baisers
chantent trop haut.

Ninon quittait mon bras, courait comme un
jeune chien, heureuse de sentir les herbes frôler
ses chevilles. Puis elle revenait et se pendait à
mon épaule, lasse, caressante. Toujours le bois

s'étendait, mer sans fin aux vagues de verdure. Le silence frissonnant, l'ombre vivante qui tombait des grands arbres nous montaient à la tête, nous grisaient de toute la séve ardente du printemps. On redevient enfant, dans le mystère des taillis.

— Oh! des fraises, des fraises! cria Ninon en sautant un fossé comme une chèvre échappée, et en fouillant les broussailles.

III

Des fraises, hélas! non, mais des fraisiers, toute une nappe de fraisiers qui s'étalait sous les ronces.

Ninon ne songeait plus aux bêtes dont elle avait une peur horrible. Elle promenait gaillardement les mains au milieu des herbes, soulevant chaque feuille, désespérée de ne pas rencontrer le moindre fruit.

— On nous a devancés, dit-elle avec une moue de dépit... Oh! dis, cherchons bien, il y en a sans doute encore.

Et nous nous mîmes à chercher avec une conscience exemplaire. Le corps plié, le cou tendu, les yeux fixés à terre, nous avancions à petits pas prudents, sans risquer une parole, de peur de faire envoler les fraises. Nous avions oublié la forêt, le silence et l'ombre, les larges allées et les sentiers étroits. Les fraises, rien que les fraises. A chaque touffe que nous rencontrions, nous nous baissions, et nos mains frémissantes se touchaient sous les herbes.

Nous fîmes ainsi plus d'une lieue, courbés, errant à droite, à gauche. Pas la plus petite fraise. Des fraisiers superbes, avec de belles feuilles d'un vert sombre. Je voyais les lèvres de Ninon se pincer et ses yeux devenir humides.

IV

Nous étions arrivés en face d'un large talus, sur lequel le soleil tombait droit, avec des chaleurs lourdes. Ninon s'approcha de ce talus, décidée à ne plus chercher ensuite. Brusquement, elle poussa un cri aigu. J'accourus, effrayé, croyant qu'elle s'était blessée. Je la trouvai accroupie ; l'émotion l'avait assise par terre, et elle me montrait du doigt une petite fraise, à peine grosse comme un pois, mûre d'un côté seulement.

— Cueille-la, toi, me dit-elle d'une voix basse
et caressante.

Je m'étais assis près d'elle, au bas du talus.

— Non, répondis-je, c'est toi qui l'as trouvée,
c'est toi qui dois la cueillir.

— Non, fais-moi ce plaisir, cueille-la.

Je me défendis tant et si bien que Ninon se décida enfin à couper la tige de son ongle. Mais ce
fut une bien autre histoire, quand il fallut savoir lequel de nous deux mangerait cette pauvre
petite fraise qui nous coûtait une bonne heure de
recherches. A toute force, Ninon voulait me la
mettre dans la bouche. Je résistai fermement;
puis, je finis par faire des concessions, et il fut arrêté que la fraise serait partagée en deux.

Elle la mit entre ses lèvres, en me disant avec
un sourire :

— Allons, prends ta part.

Je pris ma part. Je ne sais si la fraise fut partagée fraternellement. Je ne sais même si je goûtai
à la fraise, tant le miel du baiser de Ninon me
parut bon.

V

Le talus était couvert de fraisiers, et ces fraisiers-là étaient des fraisiers sérieux. La récolte fut ample et joyeuse. Nous avions étalé à terre un mouchoir blanc, en nous jurant solennellement d'y déposer notre butin, sans rien en détourner. A plusieurs reprises pourtant, il me sembla voir Ninon porter la main à sa bouche.

Quand la récolte fut faite, nous décidâmes qu'il était temps de chercher un coin d'ombre pour déjeuner à l'aise. Je trouvai, à quelques pas, un trou charmant, un nid de feuilles. Le mouchoir fut religieusement placé à côté de nous.

Grands dieux! qu'il faisait bon là, sur la mousse, dans la volupté de cette fraîcheur verte! Ninon me regardait avec des yeux humides. Le soleil avait mis des rougeurs tendres sur son cou. Comme elle vit toute ma tendresse dans mon regard, elle se pencha vers moi, en me tendant les deux mains, avec un geste d'adorable abandon.

Le soleil, flambant sur les hauts feuillages, jetait des palets d'or, à nos pieds, dans l'herbe fine.

Les fauvettes elles-mêmes se taisaient et ne regardaient pas. Quand nous cherchâmes les fraises pour les manger, nous nous aperçûmes avec stupeur que nous étions couchés en plein sur le mouchoir.

LE GRAND MICHU

I

Une après-midi, à la récréation de quatre heures, le grand Michu me prit à part, dans un coin de la cour. Il avait un air grave qui me frappa d'une certaine crainte ; car le grand Michu était un gaillard, aux poings énormes, que, pour rien au monde, je n'aurais voulu avoir pour ennemi.

— Écoute, me dit-il de sa voix grasse de paysan à peine dégrossi, écoute, veux-tu en être ?

Je répondis carrément : « Oui ! » flatté d'être de quelque chose avec le grand Michu. Alors, il m'expliqua qu'il s'agissait d'un complot. Les confidences qu'il me 'fit, me causèrent une sensation délicieuse, que je n'ai jamais peut-être éprouvée depuis. Enfin, j'entrais dans les folles aventures de

la vie, j'allais avoir un secret à garder, une bataille à livrer. Et, certes, l'effroi inavoué que je
ressentais à l'idée de me compromettre de la sorte,
comptait pour une bonne moitié dans les joies cui-
santes de mon nouveau rôle de complice.

Aussi, pendant que le grand Michu parlait,
étais-je en admiration devant lui. Il m'initia d'un
ton un peu rude, comme un conscrit dans l'énergie duquel on a une médiocre confiance. Cependant, le frémissement d'aise, l'air d'extase enthou-
siaste que je devais avoir en l'écoutant, finirent
par lui donner une meilleure opinion de moi.

Comme la cloche sonnait le second coup, en
allant tous deux prendre nos rangs pour rentrer à
l'étude :

— C'est entendu, n'est-ce pas? me dit-il à voix
basse. Tu es des nôtres... Tu n'auras pas peur, au
moins ; tu ne trahiras pas?

— Oh ! non, tu verras... C'est juré.

Il me regarda de ses yeux gris, bien en face,
avec une vraie dignité d'homme mûr, et me dit
encore :

— Autrement, tu sais, je ne te battrai pas, mais
je dirai partout que tu es un traître, et personne
ne te parlera plus.

Je me souviens encore du singulier effet que

me produisit cette menace. Elle me donna un courage énorme. « Bast! me disais-je, ils peuvent bien me donner deux mille vers ; du diable si je trahis Michu ! » J'attendis avec une impatience fébrile l'heure du dîner. La révolte devait éclater au réfectoire.

II

Le grand Michu était du Var. Son père, un paysan qui possédait quelques bouts de terre, avait fait le coup de feu en 51, lors de l'insurrection provoquée par le coup d'État. Laissé pour mort dans la plaine d'Uchâne, il avait réussi à se cacher. Quand il reparut, on ne l'inquiéta pas. Seulement, les autorités du pays, les notables, les gros et les petits rentiers ne l'appelèrent plus que ce brigand de Michu.

Ce brigand, cet honnête homme illettré, envoya son fils au collège d'A... Sans doute il le voulait savant pour le triomphe de la cause qu'il n'avait pu défendre, lui, que les armes à la main. Nous savions vaguement cette histoire, au collège, ce qui nous faisait regarder notre camarade comme un personnage très-redoutable.

Le grand Michu était, d'ailleurs, beaucoup plus âge que nous. Il avait près de dix-huit ans, bien qu'il ne se trouvât encore qu'en quatrième. Mais on n'osait le plaisanter. C'était un de ces esprits droits, qui apprennent difficilement, qui ne devinent rien ; seulement, quand il savait une chose, il la savait à fond et pour toujours. Fort, comme taillé à coups de hache, il régnait en maître pendant les récréations. Avec cela, d'une douceur extrême. Je ne l'ai jamais vu qu'une fois en colère ; il voulait étrangler un pion qui nous enseignait que tous les républicains étaient des voleurs et des assassins. On faillit mettre le grand Michu à la porte.

Ce n'est que plus tard, lorsque j'ai revu mon ancien camarade dans mes souvenirs, que j'ai pu comprendre son attitude douce et forte. De bonne heure, son père avait dû en faire un homme.

III

Le grand Michu se plaisait au collége, ce qui n'était pas le moindre de nos étonnements. Il n'y éprouvait qu'un supplice dont il n'osait parler : la faim. Le grand Michu avait toujours faim.

Je ne me souviens pas d'avoir vu un pareil appétit. Lui qui était très-fier, il allait parfois jusqu'à jouer des comédies humiliantes pour nous escroquer un morceau de pain, un déjeuner ou un goûter. Élevé en plein air, au pied de la chaîne des Maures, il souffrait encore plus cruellement que nous de la maigre cuisine du collège.

C'était là un de nos grands sujets de conversation, dans la cour, le long du mur qui nous abritait de son filet d'ombre. Nous autres, nous étions des délicats. Je me rappelle surtout une certaine morue à la sauce rousse et certains haricots à la sauce blanche qui étaient devenus le sujet d'une malédiction générale. Les jours où ces plats apparaissaient, nous ne tarissions pas. Le grand Michu, par respect humain, criait avec nous, bien qu'il eût avalé volontiers les six portions de sa table.

Le grand Michu ne se plaignait guère que de la quantité des vivres. Le hasard, comme pour l'exaspérer, l'avait placé au bout de la table, à côté du pion, un jeune gringalet qui nous laissait fumer en promenade. La règle était que les maîtres d'étude avaient droit à deux portions. Aussi, quand on servait des saucisses, fallait-il voir le grand Michu lorgner les deux bouts de saucisses qui s'allongeaient côte à côte sur l'assiette du petit pion.

— Je suis deux fois plus gros que lui, me dit-il
un jour, et c'est lui qui a deux fois plus à manger
que moi. Il ne laisse rien, va; il n'en a pas de
trop !

IV

Or, les meneurs avaient résolu que nous devions
à la fin nous révolter contre la morue à la sauce
rousse et les haricots à la sauce blanche.

Naturellement, les conspirateurs offrirent au
grand Michu d'être leur chef. Le plan de ces messieurs était d'une simplicité héroïque : il suffirait,
pensaient-ils, de mettre leur appétit en grève, de
refuser toute nourriture, jusqu'à ce que le proviseur déclarât solennellement que l'ordinaire
serait amélioré. L'approbation que le grand Michu donna à ce plan, est un des plus beaux traits
d'abnégation et de courage que je connaisse. Il
accepta d'être le chef du mouvement, avec le tranquille héroïsme de ces anciens Romains qui se sa-
crifiaient pour la chose publique.

Songez donc! lui se souciait bien de voir disparaître la morue et les haricots; il ne souhaitai
qu'une chose, en avoir davantage, à discrétion ! Et,

pour comble, on lui demandait de jeûner ! Il m'a
avoué depuis que jamais cette vertu républicaine
que son père lui avait enseignée, la solidarité, le
dévouement de l'individu aux intérêts de la com-
munauté, n'avait été mise en lui à une plus
rude épreuve.

Le soir, au réfectoire, — c'était le jour de la
morue à la sausse rousse, — la grève commença
avec un ensemble vraiment beau. Le pain seul était
permis. Les plats arrivent, nous n'y touchons pas,
nous mangeons notre pain sec. Et cela gravement,
sans causer à voix basse, comme nous en avions
l'habitude. Il n'y avait que les petits qui riaient.

Le grand Michu fut superbe. Il alla, ce premier
soir, jusqu'à ne pas même manger de pain. Il
avait mis les deux coudes sur la table, il regardait dédaigneusement le petit pion qui dévorait.

Cependant, le surveillant fit appeler le proviseur, qui entra dans le réfectoire comme une tempête. Il nous apostropha rudement, nous demandant ce que nous pouvions reprocher à ce dîner,
auquel il goûta et qu'il déclara exquis.

Alors le grand Michu se leva.

— Monsieur, dit-il, c'est la morue qui est
pourrie, nous ne parvenons pas à la digérer.

— Ah ! bien, cria le gringalet de pion, sans

laisser au proviseur le temps de répondre, les autres soirs, vous avez pourtant mangé presque tout le plat à vous seul.

Le grand Michu rougit extrêmement. Ce soir-là, on nous envoya simplement coucher, en nous disant que, le lendemain, nous aurions sans doute réfléchi.

V

Le lendemain et le surlendemain, le grand Michu fut terrible. Les paroles du maître d'étude l'avaient frappé au cœur. Il nous soutint, il nous dit que nous serions des lâches si nous cédions. Maintenant, il mettait tout son orgueil à montrer que, lorsqu'il le voulait, il ne mangeait pas,

Ce fut un vrai martyr. Nous autres, nous cachions tous dans nos pupitres du chocolat, des pots de confiture, jusqu'à de la charcuterie, qui nous aidèrent à ne pas manger tout à fait sec le pain dont nous emplissions nos poches. Lui, qui n'avait pas un parent dans la ville, et qui se refusait d'ailleurs de pareilles douceurs, s'en tint strictement aux quelques croûtes qu'il put trouver.

Le surlendemain, le proviseur ayant déclaré

que, puisque les élèves s'entêtaient à ne pas toucher
aux plats, il allait cesser de faire distribuer du
pain, la révolte éclata, au déjeuner. C'était le jour
des haricots à la sauce blanche.

Le grand Michu, dont une faim atroce devait
troubler la tête, se leva brusquement. Il prit
l'assiette du pion, qui mangeait à belles dents,
pour nous narguer et nous donner envie, la jeta
au milieu de la salle, puis entonna la *Marseillaise* d'une voix forte. Ce fut comme un grand
souffle qui nous souleva tous. Les assiettes, les
verres, les bouteilles, dansèrent une jolie danse.
Et les pions, enjambant les débris, se hâtèrent de
nous abandonner le réfectoire. Le gringalet, dans
sa fuite, reçut sur les épaules un plat de haricots,
dont la sauce lui fit une large collerette blanche.

Cependant, il s'agissait de fortifier la place. Le
grand Michu fut nommé général. Il fit porter, en-
tasser les tables devant les portes. Je me souviens
que nous avions tous pris nos couteaux à la main.
Et la *Marseillaise* tonnait toujours. La révolte
tournait à la révolution. Heureusement, on nous
laissa à nous-mêmes pendant trois grandes heures.
Il paraît qu'on était allé chercher la garde. Ces
trois heures de tapage suffirent pour nous calmer.

Il y avait au fond du réfectoire deux larges fenê-

tres qui donnaient sur la cour. Les plus timides,
épouvantés de la longue impunité dans laquelle
on nous laissait, ouvrirent doucement une des
fenêtres et disparurent. Ils furent peu à peu suivis
par les autres élèves. Bientôt le grand Michu n'eut
plus qu'une dizaine d'insurgés autour de lui. Il
leur dit alors d'une voix rude :

— Allez retrouver les autres, il suffit qu'il y ait
un coupable.

Puis s'adressant à moi qui hésitais, il ajouta :

— Je te rends ta parole, entends-tu !

Lorsque la garde eut enfoncé une des portes,
elle trouva le grand Michu tout seul, assis tranquillement sur le bout d'une table, au milieu de la
vaisselle cassée. Le soir même, il fut renvoyé à son
père. Quant à nous, nous profitâmes peu de cette
révolte. On évita bien pendant quelques semaines
de nous servir de la morue et des haricots. Puis,
ils reparurent ; seulement la morue était à la sauce
blanche, et les haricots, à la sauce rousse.

VI

Longtemps après, j'ai revu le grand Michu. Il
n'avait pu continuer ses études. Il cultivait à son

tour les quelques bouts de terre que son père lui avait laissés en mourant.

— J'aurais fait, m'a-t-il dit, un mauvais avocat ou un mauvais médecin, car j'avais la tête bien dure. Il vaut mieux que je sois un paysan. C'est mon affaire... N'importe, vous m'avez joliment lâché. Et moi qui justement adorais la morue et les haricots !

LE JEUNE

I

Quand le vicaire monta en chaire, avec son large surplis d'une blancheur angélique, la petite baronne était béatement assise à sa place accoutumée, près d'une bouche de chaleur, devant la chapelle des Saints-Anges.

Après le recueillement d'usage, le vicaire se passa délicatement sur les lèvres un fin mouchoir de batiste ; puis, il ouvrit les bras, pareil à un séraphin qui va prendre son vol, pencha la tête, et parla. Sa voix fut d'abord, dans la vaste nef, comme un murmure lointain d'eau courante, comme une plainte amoureuse du vent au milieu des feuillages. Et, peu à peu, le souffle grandit, la brise devint tempête, la voix roula sous les voûtes avec de majestueux grondements de tonnerre. Mais toujours, par instants, même au milieu de ses plus formidables coups de foudre, la voix du vicaire se faisait subitement douce, jetant un clair rayon de soleil au milieu du sombre ouragan de son éloquence.

La petite baronne, dès les premiers susurrements dans les feuilles, avait pris la pose gourmande et charmée d'une personne d'oreille délicate qui s'apprête à goûter toutes les finesses d'une symphonie aimée. Elle parut ravie de la douceur exquise des phrases musicales du début ; elle suivit ensuite, avec une attention de connaisseur, les renflements de la voix, l'épanouissement de l'orage final, ménagé avec tant de science ; et quand la voix eut acquis tout son développement, quand elle tonna, grandie par les échos de la nef, la petite baronne ne put retenir un bravo discret, un hochement de satisfaction.

Dès lors, ce fut une jouissance céleste. Toutes les dévotes se pâmaient.

II

Cependant, le vicaire disait quelque chose ; sa musique accompagnait des paroles. Il prêchait sur le jeûne, il disait combien étaient agréables à Dieu les mortifications de la créature. Penché au bord de la chaire, dans son attitude de grand oiseau blanc, il soupirait :

— L'heure est venue, mes frères et mes sœurs, où nous devons tous, comme Jésus, porter notre croix, nous couronner d'épines, monter notre calvaire, les pieds nus sur les rocs et dans les ronces.

La petite baronne trouva sans doute la phrase mollement arrondie, car elle cligna doucement les yeux, comme chatouillée au cœur. Puis, la symphonie du vicaire la berçant, tout en continuant à suivre les phrases mélodiques, elle se laissa aller à une demi-rêverie pleine de voluptés intimes.

En face d'elle, elle voyait une des longues fenêtres du chœur, grise de brouillard. La pluie ne devait pas avoir cessé. La chère enfant était venue au sermon par un temps atroce. Il faut bien pâtir un peu, quand on a de la religion. Son cocher avait reçu une averse épouvantable, et elle-même,

en sautant sur le pavé, s'était légèrement mouillé
le bout des pieds. Son coupé, d'ailleurs, était excellent, clos, capitonné comme une alcôve. Mais
c'est si triste de voir, au travers des glaces humides, une file de parapluies affairés courir sur
chaque trottoir ! Et elle pensait que, s'il avait fait
beau, elle aurait pu venir en victoria. C'eût été
beaucoup plus gai.

Au fond, sa grande crainte était que le vicaire ne
dépêchât trop vivement son sermon. Il lui faudrait
alors attendre sa voiture, car elle ne consentirait
certes pas à patauger par un temps pareil. Et elle
calculait que, du train dont il allait, jamais le vicaire n'aurait de la voix pour deux heures ; son
cocher arriverait trop tard. Cette anxiété lui gâtait
un peu ses joies dévotes.

III

Le vicaire, avec des colères brusques qui le re-
dressaient, les cheveux secoués, les poings en
avant, comme un homme en proie à l'esprit ven-
geur, grondait : '

— Et surtout malheur à vous, pécheresses, si
vous ne versez pas sur les pieds de Jésus le par-

fum de vos remords, l'huile odorante de vos repentirs. Croyez-moi, tremblez et tombez à deux genoux sur la pierre. C'est en venant vous enfermer dans le purgatoire de la pénitence, ouvert par l'Église pendant ces jours de contrition universelle ; c'est en usant les dalles sous vos fronts pâlis par le jeûne, en descendant dans les angoisses de la faim et du froid, du silence et de la nuit, que vous mériterez le pardon divin, au jour fulgurant du triomphe !

La petite baronne, tirée de sa préoccupation par ce terrible éclat, dodelina de la tête, lentement, comme étant tout à fait de l'avis du prêtre courroucé. Il fallait prendre des verges, se mettre dans un coin bien noir, bien humide, bien glacial, et là se donner le fouet ; cela ne faisait pas de doute pour elle.

Puis, elle retomba dans ses songeries ; elle se perdit au fond d'un bien-être, d'une extase attendrie. Elle était assise à l'aise sur une chaise basse, à large dossier, et elle avait sous les pieds un coussin brodé, qui lui empêchait de sentir le froid de la dalle. A demi renversée, elle jouissait de l'église, de ce grand vaisseau où traînaient des vapeurs d'encens, dont les profondeurs, pleines d'ombres mystérieuses, s'emplissaient d'adorables visions. La nef, avec ses tentures de velours rouge, ses ornements d'or et de marbre, avec son air d'immense boudoir plein de senteurs troublantes, éclairé de clartés tendres de veilleuse, clos et comme prêt pour des amours surhumains, l'avait peu à peu enveloppée du charme de ses pompes. C'était la fête de ses sens. Sa jolie personne grasse s'abandonnait, flattée, bercée, caressée. Et sa volupté venait surtout de se sentir si petite dans une si grande béatitude.

Mais à son insu, ce qui la chatouillait encore le plus délicieusement, c'était l'haleine tiède de la bouche de chaleur ouverte presque sous ses jupes. Elle était très-frileuse, la petite baronne. La bouche de chaleur soufflait discrètement ses caresses chaudes le long de ses bas de soie. Des assoupissements la prenaient, dans ce bain d'une souplesse molle.

IV

Le vicaire était toujours en plein courroux. Il plongeait toutes les dévotes présentes dans l'huile bouillante de l'enfer.

— Si vous n'écoutez pas la voix de Dieu, si

vous n'écoutez pas ma voix qui est celle de Dieu lui-même, je vous le dis en vérité, vous entendrez un jour vos os craquer d'angoisse, vous sentirez votre chair se fendre sur des charbons ardents, et alors c'est en vain que vous crierez : « Pitié, Seigneur, pitié, je me repens ! » Dieu sera sans miséricorde, et du pied vous rejettera dans l'abîme !

A ce dernier trait, il y eut un frisson dans l'auditoire. La petite baronne, qu'endormait décidément l'air chaud qui courait dans ses jupes, sourit vaguement. Elle connaissait beaucoup le vicaire, la petite baronne. La veille, il avait dîné chez elle. Il adorait le pâté de saumon truffé, et le pomard était son vin favori. C'était, certes, un bel homme, trente-cinq à quarante ans, brun, le visage si rond et si rose, qu'on eût volontiers pris ce visage de prêtre pour la face réjouie d'une servante de ferme. Avec cela, homme du monde, belle fourchette, langue bien pendue. Les femmes l'adoraient, la petite baronne en raffolait. Il lui disait d'une voix si adorablement sucrée: « Ah ! madame, avec une telle toilette, vous damneriez un saint. »

Et il ne se damnait pas, le cher homme. Il courait débiter à la comtesse, à la marquise, à ses autres pénitentes, la même galanterie, ce qui en faisait l'enfant gâté de ces dames.

Quand il allait dîner chez la petite baronne, le jeudi, elle le soignait en chère créature que le moindre courant d'air pourrait enrhumer, et à laquelle un mauvais morceau donnerait infailliblement une indigestion. Au salon, son fauteuil était au coin de la cheminée ; à table, les gens de service avaient ordre de veiller particulièrement sur son assiette, de verser à lui seul un certain pomard, âgé de douze ans, qu'il buvait en fermant les yeux de ferveur, comme s'il eût communié.

Il était si bon, si bon, le vicaire! Tandis que, du haut de la chaire, il parlait d'os qui craquent et de membres qui grillent, la petite baronne, dans l'état de demi-sommeil où elle était, le voyait à sa table, s'essuyant béatement les lèvres, lui disant : « Voici, chère madame, une bisque qui vous ferait trouver grâce auprès de Dieu le Père, si votre beauté ne suffisait déjà pas pour vous assurer le paradis. »

V

Le vicaire, quand il eut usé de la colère et de la menace, se mit à sangloter. C'était, d'habitude, sa tactique. Presque à genoux dans la chaire, ne

montrant plus que les épaules, puis, tout d'un coup,
se relevant, se pliant, comme abattu par la douleur,
il s'essuyait les yeux, avec un grand froissement
de mousseline empesée, il jetait ses bras en l'air,
à droite, à gauche, prenant des poses de pélican
blessé. C'était le bouquet, le final, le morceau à
grand orchestre, la scène mouvementée du dé-
noûment.

— Pleurez, pleurez, larmoyait-il, la parole expi-
rante; pleurez sur vous, pleurez sur moi, pleurez
sur Dieu...

La petite baronne dormait tout à fait, les yeux
ouverts. La chaleur, l'encens, l'ombre croissante,
l'avaient comme engourdie. Elle s'était pelotonnée,
elle s'était renfermée dans les sensations volup-
tueuses qu'elle éprouvait; et, sournoisement, elle
rêvait des choses très-agréables.

A côté d'elle, dans la chapelle des Saints-Anges,
il y avait une grande fresque, représentant un
groupe de beaux jeunes hommes, à demi nus, avec
des ailes dans le dos. Ils souriaient, d'un sourire
d'amants transis, tandis que leurs attitudes pen-
chées, agenouillées, semblaient adorer quelque
petite baronne invisible. Les beaux garçons, lèvres
tendres, peau de satin, bras musculeux! Le pis
était qu'un d'entre eux ressemblait absolument au

jeune duc de P..., un des bons amis de la petite baronne. Dans son assoupissement, elle se demandait si le duc serait bien nu, avec des ailes dans le dos. Et, par moment, elle s'imaginait que le grand chérubin rose portait l'habit noir du duc. Puis, le rêve se fixa : ce fut véritablement le duc, très-court vêtu, qui, du fond des ténèbres, lui envoyait des baisers.

VI

Quand la petite baronne se réveilla, elle entendit le vicaire qui disait la phrase sacramentelle :

— Et c'est la grâce que je vous souhaite.

Elle resta un instant étonnée; elle crut que le vicaire lui souhaitait les baisers du jeune duc.

Il y eut un grand bruit de chaises. Tout le monde s'en alla; la petite baronne avait deviné juste, son cocher n'était point encore au bas des marches. Ce diable de vicaire avait dépêché son sermon, volant à ses pénitentes au moins vingt minutes d'éloquence.

Et, comme la petite baronne s'impatientait dans une nef latérale, elle rencontra le vicaire qui sortait précipitemment de la sacristie. Il regardait l'heure à sa montre, il avait l'air affairé d'un homme qui ne veut point manquer un rendez-vous.

— Ah ! que je suis en retard ! chère madame, dit-il. Vous savez, on m'attend chez la comtesse. Il y a un concert spirituel, suivi d'une petite collation.

LES ÉPAULES DE LA MARQUISE

I

La marquise dort dans son grand lit, sous les
larges rideaux de satin jaune. A midi, au timbre
clair de la pendule, elle se décide à ouvrir les
yeux.

La chambre est tiède. Les tapis, les draperies
des portes et des fenêtres, en font un nid moelleux,
où le froid n'entre pas. Des chaleurs, des parfums
traînent. Là, règne l'éternel printemps.

Et, dès qu'elle est bien éveillée, la marquise
semble prise d'une anxiété subite. Elle rejette les
couvertures, elle sonne Julie.

— Madame a sonné ?

— Dites, est-ce qu'il dégèle ?

Oh ! bonne marquise ! Comme elle a fait

cette question d'une voix émue! Sa première pensée est pour ce froid terrible, ce vent du nord qu'elle ne sent pas, mais qui doit souffler si cruellement dans les taudis des pauvres gens. Et elle demande si le ciel a fait grâce, si elle peut avoir chaud sans remords, sans songer à tous ceux qui grelottent.

— Est-ce qu'il dégèle, Julie?

La femme de chambre lui offre le peignoir du matin, qu'elle vient de faire chauffer devant un grand feu.

— Oh! non, madame, il ne dégèle pas. Il gèle plus fort, au contraire... On vient de trouver un homme mort de froid sur un omnibus.

La marquise est prise d'une joie d'enfant; elle tape ses mains l'une contre l'autre, en criant :

— Ah! tant mieux! j'irai patiner cette après-midi.

II

Julie tire les rideaux, doucement, pour qu'une clarté brusque ne blesse pas la vue tendre de la délicieuse marquise.

Le reflet bleuâtre de la neige emplit la chambre

6.

d'une umière toute gaie. Le ciel est gris, mais d'un gris si joli qu'il rappelle à la marquise une robe de soie gris-perle qu'elle portait, la veille, au bal du ministère. Cette robe était garnie de guipures blanches, pareilles à ces filets de neige qu'elle aperçoit au bord des toits, sur la pâleur du ciel.

La veille, elle était charmante, avec ses nouveaux diamants. Elle s'est couchée à cinq heures. Aussi a-t-elle encore la tête un peu lourde. Cependant, elle s'est assise devant une glace, et Julie a relevé le flot blond de ses cheveux. Le peignoir glisse, les épaules restent nues, jusqu'au milieu du dos.

Toute une génération a déjà vieilli dans le spectacle des épaules de la marquise. Depuis que, grâce à un pouvoir fort, les dames de naturel joyeux peuvent se décolleter et danser aux Tuileries, elle a promené ses épaules dans la cohue des salons officiels, avec une assiduité qui a fait d'elle l'enseigne vivante des charmes du second empire. Il lui a bien fallu suivre la mode, échancrer ses robes, tantôt jusqu'à la chute des reins, tantôt jusqu'aux pointes de la gorge; si bien que la chère femme, fossette à fossette, a livré tous les trésors de son corsage. Il n'y a pas grand comme ça de

son dos et de sa poitrine qui ne soit connu de la
Madeleine à Saint-Thomas-d'Aquin. Les épaules de
la marquise, largement étalées, sont le blason voluptueux du règne.

III

Certes, il est inutile de décrire les épaules de la
marquise. Elles sont populaires comme le pont
Neuf. Elles ont fait pendant dix-huit ans partie des
spectacles publics. On n'a besoin que d'en aperce-
voir le moindre bout, dans un salon, au théâtre ou
ailleurs, pour s'écrier : « Tiens ! la marquise ! je
reconnais le signe noir de son épaule gauche ! »

D'ailleurs, ce sont de fort belles épaules, blanches, grasses, provoquantes. Les regards d'un gouvernement ont passé sur elles en leur donnant
plus de finesse, comme ces dalles que les pieds de
la foule polissent à la longue.

Si j'étais le mari ou l'amant, j'aimerais mieux
aller baiser le bouton de cristal du cabinet d'un
ministre, usé par la main des solliciteurs, que
d'effleurer des lèvres ces épaules sur lesquelles a
passé le souffle chaud du tout Paris galant. Lorsqu'on songe aux mille désirs qui ont frissonné

autour d'elles, on se demande de quelle argile la
nature a dû les pétrir pour qu'elles ne soient pas
rongées et émiettées, comme ces nudités de sta-
tues, exposées au grand air des jardins, et dont les
vents ont mangé les contours.

La marquise a mis sa pudeur autre part. Elle a
fait de ses épaules une institution. Et comme
elle a combattu pour le gouvernement de son
choix ! Toujours sur la brèche, partout à la
fois, aux Tuileries, chez les ministres, dans les
ambassades, chez les simples millionnaires, ramenant les indécis à coups de sourires, étayant le
trône de ses seins d'albâtre, montrant dans les
jours de danger des petits coins cachés et délicieux,
plus persuasifs que des arguments d'orateurs, plus
décisifs que des épées de soldats, et menaçant,
pour enlever un vote, de rogner ses chemisettes
jusqu'à ce que les plus farouches membres de
l'opposition se déclarent convaincus !

Toujours les épaules de la marquise sont res-
tées entières et victorieuses. Elles ont porté un
monde, sans qu'une ride vînt en fêler le marbre
blanc.

IV

Cette après-midi, au sortir des mains de Julie, la marquise, vêtue d'une délicieuse toilette polonaise, est allée patiner. Elle patine adorablement.

Il faisait, au bois, un froid de loup, une bise qui piquait le nez et les lèvres de ces dames, comme si le vent leur eût soufflé du sable fin au visage. La marquise riait, cela l'amusait d'avoir froid. Elle allait, de temps à autre, chauffer ses pieds aux brasiers allumés sur les bords du petit lac. Puis elle rentrait dans l'air glacé, filant comme une hirondelle qui rase le sol.

Ah ! quelle bonne partie, et comme c'est heureux que le dégel ne soit pas encore venu ! La marquise pourra patiner toute la semaine.

En revenant, la marquise a vu, dans une contre-allée des Champs-Élysées, une pauvresse grelottant au pied d'un arbre, à demi morte de froid.

— La malheureuse ! a-t-elle murmuré d'une voix fâchée.

Et comme la voiture filait trop vite, la marquise, ne pouvant trouver sa bourse, a jeté son bouquet à la pauvresse, un bouquet de lilas blancs qui valait bien cinq louis.

MON VOISIN JACQUES

I

J'habitais alors, rue Gracieuse, le grenier de
mes vingt ans. La rue Gracieuse est une ruelle
escarpée, qui descend la butte Saint-Victor, derrière le jardin des Plantes.

Je montais deux étages, — les maisons sont
basses en ce pays, — m'aidant d'une corde pour
ne pas glisser sur les marches usées, et je gagnais
ainsi mon taudis dans la plus complète obscurité. La pièce, grande et froide, avait les nudités, les clartés blafardes d'un caveau. J'ai eu
pourtant des clairs-soleils dans cette ombre, les
jours où mon cœur avait des rayons.

Puis, il me venait des rires de gamine, du grenier voisin, qui était peuplé de toute une famille,

le père, la mère, et une bambine de sept à huit ans.

Le père avait un air anguleux, la tête plantée de travers entre deux épaules pointues. Son visage osseux était jaune, avec de gros yeux noirs enfoncés sous d'épais sourcils. Cet homme, dans sa mine lugubre, gardait un bon sourire timide ; on eût dit un grand enfant de cinquante ans, se troublant, rougissant comme une fille. Il cherchait l'ombre, filait le long des murs avec l'humilité d'un forçat gracié.

Quelques saluts échangés m'en avaient fait un ami. Je me plaisais à cette face étrange, pleine d'une bonhomie inquiète. Peu à peu, nous en étions venus aux poignées de main.

II

Au bout de six mois, j'ignorais encore le métier qui faisait vivre mon voisin Jacques et sa famille. Il parlait peu. J'avais bien, par pur intérêt, questionné la femme à deux ou trois reprises ; mais je n'avais pu tirer d'elle que des réponses évasives, balbutiées avec embarras.

Un jour, — il avait plu la veille, et mon cœur

était endolori, — comme je descendais le boulevard d'Enfer, je vis venir à moi un de ces parias du peuple ouvrier de Paris, un homme vêtu et coiffé de noir, cravaté de blanc, tenant sous le bras la bière étroite d'un enfant nouveau-né.

Il allait, la tête basse, portant son léger fardeau avec une insouciance rêveuse, poussant du pied les cailloux du chemin. La matinée était blanche. J'eus plaisir à cette tristesse qui passait. Au bruit de mes pas, l'homme leva la tête, puis la détourna vivement, mais trop tard : je l'avais reconnu. Mon voisin Jacques était croque-mort.

Je le regardai s'éloigner, honteux de sa honte. J'eus regret de ne pas avoir pris l'autre allée. Il s'en allait, la tête plus basse, se disant sans doute qu'il venait de perdre la poignée de main que nous échangions chaque soir.

III

Le lendemain, je le rencontrai dans l'escalier. Il se rangea peureusement contre le mur, se faisant petit, petit, ramenant avec humilité les plis de sa blouse, pour que la toile n'en touchât pas mon vêtement. Il était là, le front incliné, et j'apercevais sa pauvre tête grise tremblante d'émotion.

Je m'arrêtai, le regardant en face. Je lui tendis la main, toute large.

Il leva la tête, hésita, me regarda en face à son tour. Je vis ses gros yeux s'agiter et sa face jaune se tacher de rouge. Puis, me prenant le bras brusquement, il m'accompagna dans mon grenier, où il retrouva enfin la parole.

— Vous êtes un brave jeune homme, me dit-il ; votre poignée de main vient de me faire oublier bien des regards mauvais.

Et il s'assit, se confessant à moi. Il m'avoua qu'avant d'être de la partie, il se sentait, comme les autres, pris de malaise, lorsqu'il rencontrait un croque-mort. Mais, depuis ce temps, dans ses longues heures de marche, au milieu du silence des convois, il avait réfléchi à ces choses, il s'était étonné du dégoût et de la crainte qu'il soulevait sur son passage.

J'avais vingt ans alors, j'aurais embrassé un bourreau. Je me lançai dans des considérations philosophiques, voulant démontrer à mon voisin Jacques que sa besogne était sainte. Mais il haussa ses épaules pointues, se frotta les mains en silence, en reprenant de sa voix lente et embarrassée :

— Voyez-vous, monsieur, les cancans du quartier, les mauvais regards des passants, m'inquiètent peu, pourvu que ma femme et ma fille aient du pain. Une seule chose me taquine. Je n'en dors pas la nuit, quand j'y songe. Nous sommes, ma femme et moi, des vieux qui ne sentons plus la honte. Mais les jeunes filles, c'est ambitieux. Ma pauvre Marthe rougira de moi plus tard. A cinq ans, elle a vu un de mes collègues, et elle a tant pleuré, elle a eu si peur, que je n'ai pas encore osé mettre le manteau noir devant elle. Je m'habille et me déshabille dans l'escalier.

J'eus pitié de mon voisin Jacques; je lui offris de déposer ses vêtements dans ma chambre, et d'y venir les mettre à son aise, à l'abri du froid. Il prit mille précautions pour transporter chez moi sa sinistre défroque. A partir de ce jour, je le vis régulièrement matin et soir. Il faisait sa toilette dans un coin de ma mansarde.

IV

J'avais un vieux coffre dont le bois s'émiettait, piqué par les vers. Mon voisin Jacques en fit sa

garde-robe ; il en garnit le fond de journaux, il y
plia délicatement ses vêtements noirs.

Parfois, la nuit, lorsqu'un cauchemar m'éveil-
lait en sursaut, je jetai un regard effaré sur le
vieux coffre, qui s'allongeait contre le mur, en
forme de bière. Il me semblait en voir sortir le
chapeau, le manteau noir, la cravate blanche.

Le chapeau roulait autour de mon lit, ronflant
et sautant par petits bonds nerveux ; le manteau
s'élargissait, et, agitant ses pans comme des
grandes ailes noires, volant dans la chambre,
ample et silencieux ; la cravate blanche s'allongeait, s'allongeait, puis se mettait à ramper doucement vers moi, la tête levée, la queue frétillante.

J'ouvrais les yeux démesurément, j'apercevais
le vieux coffre immobile et sombre dans son
coin.

V

Je vivais dans le rêve, à cette époque, rêve d'a-
mour, rêve de tristesse aussi. Je me plaisais à mon
cauchemar ; j'aimais mon voisin Jacques, parce
qu'il vivait avec les morts, et qu'il m'apportait
les âcres senteurs des cimetières. Il m'avait fait

des confidences. J'écrivais les premières pages
des *Mémoires d'un croque-mort.*

Le soir, mon voisin Jacques, avant de se déshabiller, s'asseyait sur le vieux coffre pour me conter sa journée. Il aimait à parler de ses morts
Tantôt, c'était une jeune fille, — la pauvre enfant, morte poitrinaire, ne pesait pas lourd; tantôt, c'était un vieillard — ce vieillard, dont le
cercueil lui avait cassé le bras, était un gros fonctionnaire qui devait avoir emporté son or dans
ses poches. Et j'avais des détails intimes sur chaque mort; je connaissais leur poids, les bruits
qui s'étaient produits dans les bières, la façon
dont il avait fallu les descendre, aux coudes des
escaliers.

Il arriva que mon voisin Jacques, certains soirs,
rentra plus bavard et plus épanoui. Il s'appuyait
aux murs, le manteau agrafé sur l'épaule, le chapeau rejeté en arrière. Il avait rencontré des héritiers généreux qui lui avaient payé « les litres et
le morceau de brie de la consolation. » Et il finis-
sait par s'attendrir; il me jurait de me porter en
terre, lorsque le moment serait venu, avec une
douceur de main toute amicale.

Je vécus ainsi plus d'une année en pleine nécrologie.

Un matin mon voisin Jacques ne vint pas. Huit jours après, il était mort.

Lorsque deux de ses collègues enlevèrent le corps, j'étais sur le seuil de ma porte. Je les entendis plaisanter en descendant la bière, qui se plaignait sourdement à chaque heurt.

L'un d'eux, un petit gras, disait à l'autre, un grand maigre :

— Le croque-mort est croqué.

LE PARADIS DES CHATS

Une tante m'a légué un chat d'Angora qui est bien la bête la plus stupide que je connaisse. Voici ce que mon chat m'a conté, un soir d'hiver, devant les cendres chaudes.

J'avais alors deux ans, et j'étais bien le chat le plus gras et le plus naïf qu'on pût voir. A cet âge tendre, je montrais encore toute la présomption d'un animal qui dédaigne les douceurs du foyer. Et pourtant que de remercîments je devais à la Providence pour m'avoir placé chez votre tante ! La brave femme m'adorait. J'avais, au fond d'une ar-

moire, une véritable chambre à coucher, coussin
de plume et triple couverture. La nourriture valait le coucher ; jamais de pain, jamais de soupe,
rien que de la viande, de la bonne viande saignante.

Eh bien ! au milieu de ces douceurs, je n'avais
qu'un désir, qu'un rêve, me glisser par la fenêtre
entr'ouverte et me sauver sur les toits. Les caresses me semblaient fades, la mollesse de mon
lit me donnait des nausées, j'étais gras à m'en
écœurer moi-même. Et je m'ennuyais tout le long
de la journée à être heureux.

Il faut vous dire qu'en allongeant le cou, j'avais
vu de la fenêtre le toit d'en face. Quatre chats, ce
jour-là, s'y battaient, le poil hérissé, la queue
haute, se roulant sur les ardoises bleues, au grand
soleil, avec des jurements de joie. Jamais je n'avais
contemplé un spectacle si extraordinaire. Dès
lors, mes croyances furent fixées. Le véritable
bonheur était sur ce toit, derrière cette fenêtre
qu'on fermait si soigneusement. Je me donnais
pour preuve qu'on fermait ainsi les portes des armoires, derrière lesquelles on cachait la viande.

J'arrêtai le projet de m'enfuir. Il devait y avoir
dans la vie autre chose que de la chair saignante.
C'était là l'inconnu, l'idéal. Un jour, on oublia de

pousser la fenêtre de la cuisine. Je sautai sur un petit toit qui se trouvait au-dessous.

II

Que les toits étaient beaux ! De larges gouttières les bordaient, exhalant des senteurs délicieuses. Je suivis voluptueusement ces gouttières, où mes pattes enfonçaient dans une boue fine, qui avait une tiédeur et une douceur infinies. Il me semblait que je marchais sur du velours. Et il faisait une bonne chaleur au soleil, une chaleur qui fondait ma graisse.

Je ne vous cacherai pas que je tremblais de tous mes membres. Il y avait de l'épouvante dans ma joie. Je me souviens surtout d'une terrible émotion qui faillit me faire culbuter sur les pavés. Trois chats qui roulèrent du faîte d'une maison, vinrent à moi en miaulant affreusement. Et comme je défaillais, ils me traitèrent de grosse bête, ils me dirent qu'ils miaulaient pour rire. Je me mis à miauler avec eux. C'était charmant. Les gaillards n'avaient pas ma stupide graisse. Ils se moquaient de moi, lorsque je glissais comme une boule sur les plaques de zinc, chauffées par le grand soleil.

Un vieux matou de la bande me prit particulièrement en amitié. Il m'offrit de faire mon éducation, ce que j'acceptai avec reconnaissance.

Ah! que le mou de votre tante était loin : Je bus aux gouttières, et jamais lait sucré ne m'avait semblé si doux. Tout me parut bon et beau. Une chatte passa, une ravissante chatte, dont la vue m'emplit d'une émotion inconnue. Mes rêves seuls m'avaient jusque-là montré ces créatures exquises dont l'échine a d'adorables souplesses. Nous nous nous précipitâmes à la rencontre de la nouvelle venue, mes trois compagnons et moi. Je devançai les autres, j'allais faire mon compliment à la ravissante chatte, lorsqu'un de mes camarades me mordit cruellement au cou. Je poussai un cri de douleur.

— Bah! me dit le vieux matou **en m'entraînant**, vous en verrez bien d'autres.

II

Au bout d'une heure de promenade, je me sentis un appétit féroce.

— Qu'est-ce qu'on mange sur les toits? demandai-je à mon ami le matou.

— Ce qu'on trouve, me répondit-il doctement.

Cette réponse m'embarrassa, car j'avais beau chercher, je ne trouvais rien. J'aperçus enfin, dans une mansarde, une jeune ouvrière qui préparait son déjeuner. Sur la table, au-dessous de la fenêtre, s'étalait une belle côtelette, d'un rouge appétissant.

— Voilà mon affaire, pensai-je en toute naïveté.

Et je sautai sur la table, où je pris la côtelette. Mais l'ouvrière m'ayant aperçu, m'asséna sur l'échine un terrible coup de balai. Je lâchai la viande, je m'enfuis, en jetant un juron effroyable.

— Vous sortez donc de votre village? me dit le matou. La viande qui est sur les tables, est faite pour être désirée de loin. C'est dans les gouttières qu'il faut chercher.

Jamais je ne pus comprendre que la viande des cuisines n'appartînt pas aux chats. Mon ventre commençait à se fâcher sérieusement. Le matou acheva de me désespérer en me disant qu'il fallait attendre la nuit. Alors nous descendrions dans la rue, nous fouillerions les tas d'ordures. Attendre la nuit! Il disait cela tranquillement, en philosophe endurci. Moi, je me sentais défaillir, à la seule pensée de ce jeûne prolongé.

IV

La nuit vint lentement, une nuit de brouillard qui me glaça. La pluie tomba bientôt, mince, pénétrante, fouettée par des souffles brusques de vent. Nous descendîmes par la baie vitrée d'un escalier. Que la rue me parut laide! Ce n'était plus cette bonne chaleur, ce large soleil, ces toits blancs de lumière où l'on se vautrait si délicieusement. Mes pattes glissaient sur le pavé gras. Je me souvins avec amertume de ma triple couverture et de mon coussin de plume.

A peine étions-nous dans la rue, que mon ami le matou se mit à trembler. Il se fit petit, petit, et fila sournoisement le long des maisons, en me disant de le suivre au plus vite. Dès qu'il rencontra une porte cochère, il s'y réfugia à la hâte, en laissant échapper un ronronnement de satisfaction. Comme je l'interrogeais sur cette fuite :

— Avez-vous vu cet homme qui avait une hotte et un crochet ? me demanda-t-il.

— Oui.

— Eh bien! s'il nous avait aperçus, il nous aurait assommés et mangés à la broche !

— Mangés à la broche! m'écriai-je. Mais la rue n'est donc pas à nous? On ne mange pas, et l'on est mangé!

❦

Cependant, on avait vidé les ordures devant les portes. Je fouillai les tas avec désespoir. Je rencontrai deux ou trois os maigres qui avaient traîné dans les cendres. C'est alors que je compris combien le mou frais est succulent. Mon ami le matou grattait les ordures en artiste. Il me fit courir jusqu'au matin, visitant chaque pavé, ne se pressant point. Pendant près de dix heures je reçus la pluie, je grelottai de tous mes membres. Maudite rue, maudite liberté, et comme je regrettai ma prison!

Au jour, le matou, voyant que je chancelais :

— Vous en avez assez? me demanda-t-il d'un air étrange.

— Oh! oui, répondis-je.

— Vous voulez rentrer chez vous?

— Certes, mais comment retrouver la maison?

— Venez. Ce matin, en vous voyant sortir, j'ai compris qu'un chat gras comme vous n'était pas fait pour les joies âpres de la liberté. Je connais votre demeure, je vais vous mettre à votre porte.

Il disait cela simplement, ce digne matou. Lorsque nous fûmes arrivés :

— Adieu, me dit-il, sans témoigner la moindre émotion.

— Non, m'écriai-je, nous ne nous quitterons pas ainsi. Vous allez venir avec moi. Nous partagerons le même lit et la même viande. Ma maîtresse est une brave femme...

Il ne me laissa pas achever.

— Taisez-vous, dit-il brusquement, vous êtes un sot. Je mourrais dans vos tiédeurs molles. Votre vie plantureuse est bonne pour les chats bâtards. Les chats libres n'achèteront jamais au prix d'une prison votre mou et votre coussin de plume... Adieu.

Et il remonta sur ses toits. Je vis sa grande silhouette maigre frissonner d'aise aux caresses du soleil levant.

Quand je rentrai, votre tante prit le martinet et m'administra une correction que je reçus avec une joie profonde. Je goûtai largement la volupté d'avoir chaud et d'être battu. Pendant qu'elle me frappait, je songeais avec délices à la viande qu'elle allait me donner ensuite.

VI

Voyez-vous, — a conclu mon chat, en s'allongeant devant la braise, — le véritable bonheur, le paradis, n on cher maître, c'est d'être enfermé et battu dans une pièce où il y a de la viande.

Je parle pour les chats.

LILI

I

Tu arrives des champs, Ninon, des vrais champs,
aux senteurs âpres, aux horizons larges. Tu n'es
pas assez sotte pour aller t'enfermer dans un Ca-
sino, au bord de quelque plage mondaine. Tu vas
où ne va pas la foule, dans un trou de feuillage,
en pleine Bourgogne. Ta retraite est une maison
blanche, cachée comme un nid au milieu des
arbres. C'est là que tu vis tes printemps, dans la
santé de l'air libre. Aussi quand tu me reviens pour
quelques jours, tes bonnes amies sont-elles éton-
nées de tes joues aussi fraîches que tes aubépines,
de tes lèvres aussi rouges que tes églantiers.

Mais ta bouche est toute sucrée, et je jurerais
qu'hier encore tu mangeais des cerises. C'est que

tu n'es pas une petite maîtresse qui craint les
guêpes et les ronces. Tu marches bravement au
grand soleil, sachant bien que le hâle de ton cou a
des transparences d'ambre fin. Et tu cours les
champs en robe de toile, sous ton large chapeau,
comme une paysanne amie de la terre. Tu coupes
les fruits avec tes petits ciseaux de brodeuse, faisant une maigre besogne, il est vrai, mais travaillant de tout ton cœur et rentrant au logis, fière
des égratignures roses que les chardons ont laissées sur tes mains blanches.

Que feras-tu en décembre prochain? Rien. Tu
t'ennuieras, n'est-ce pas? Tu n'es pas mondaine
Te souviens-tu de ce bal où je t'ai conduite, un
soir? Tu avais les épaules nues, tu grelottais dans
la voiture. Il faisait une chaleur étouffante, à ce
bal, sous la lumière crue des lustres. Tu es restée
au fond de ton fauteuil, bien sage, étouffant de
légers bâillements derrière ton éventail. Ah! quel
ennui! Et, lorsque nous sommes rentrés, tu as
murmuré, en me montrant ton bouquet fané :

— Regarde ces pauvres fleurs. Je mourrais
comme elles, si je vivais dans cet air chaud. Mon
cher printemps, où êtes-vous?

Nous n'irons plus au bal, Ninon. Nous resterons
chez nous, au coin de notre cheminée. Nous nous

aimerons ; et, quand nous serons las, nous nous aimerons encore.

Je me rappelle ton cri de l'autre jour : « Vraiment une femme est bien oisive. » J'ai songé jusqu'au soir à cet aveu. L'homme a pris tout le travail, et vous a laissé la rêverie dangereuse. La faute est au bout des longues songeries. A quoi penser quand on brode la journée entière ? On bâtit des châteaux où l'on s'endort comme la Belle-au-Bois-dormant, dans l'attente des baisers du premier chevalier qui passera sur la route.

— Mon père, m'as-tu dit souvent, était un brave homme qui m'a laissée grandir chez lui. Je n'ai point appris le mal à l'école de ces délicieuses poupées qui cachent, en pension, les lettres de leurs cousins dans leurs livres de messe. Jamais je n'ai confondu le bon Dieu avec Croquemitaine, et j'avoue que j'ai toujours plus redouté de faire du chagrin à mon père que d'aller cuire dans les marmites du diable. Il faut te dire encore que je salue naturellement, sans avoir étudié l'art des révérences ; mon maître à danser ne m'a pas exercée davantage à baisser les yeux, à sourire, à mentir du visage ; je suis d'une ignorance crasse sur le chapitre de ces grimaces de coquettes qui constituent le plus clair d'une édu-

8.

cation de jeune fille bien née. J'ai poussé librement, comme une plante vigoureuse. C'est pourquoi j'étouffe dans l'air de Paris.

II

Dernièrement, par une de ces rares belles après-midi que le printemps nous ménage, je me trouvais assis aux Tuileries, dans l'ombre jeune des grands marronniers. Le jardin était presque vide. Quelques dames brodaient, par petits groupes, au pied des arbres. Des enfants jouaient, coupant de rires aigus le sourd murmure des rues voisines.

Mes regards finirent par s'arrêter sur une petite fille de six ou sept ans, dont la jeune mère causait avec une amie, à quelques pas de moi. C'était une enfant blonde, haute comme ma botte, qui prenait déjà des airs de grande demoiselle. Elle portait une de ces délicieuses toilettes dont les Parisiennes seules savent attifer leurs bébés : une jupe de soie rose bouffante, laissant voir les jambes couvertes de bas gris-perle; un corsage décolleté garni de dentelles; un toquet à plumes blanche; des bijoux, un collier et un bracelet de corail. Elle ressemblait à madame sa mère, avec un peu de coquetterie en plus.

Elle avait réussi à lui prendre son ombrelle, et elle se promenait gravement, l'ombrelle ouverte, bien qu'il n'y eût pas sous les arbres le moindre filet de soleil. Elle s'étudiait à marcher légèrement, en glissant avec grâce, comme elle avait vu faire aux grandes personnes. Elle ne se savait pas observée ; elle répétait son rôle en toute conscience, essayant des mines, des moues gracieuses, apprenant des tours de tête, des regards, des sourires. Elle finit par rencontrer le tronc d'un vieux marronnier, devant lequel elle tira sérieusement une demi-douzaine de grandes révérences.

C'était une petite femme. Je fus vraiment terrifié de son aplomb et de sa science. Elle n'avait pas sept ans, et elle savait déjà son métier d'enchanteresse. C'est à Paris seulement qu'on trouve des fillettes si précoces, connaissant la danse avant de connaître leurs lettres. Je me rappelle les enfants de province ; ils sont gauches et lourds ; ils se traînent bêtement par terre. Ce n'est pas Lili qui irait gâter sa belle toilette ; elle préfère ne pas jouer ; elle se tient bien droite dans ses jupes empesées, mettant sa joie à être regardée, à entendre dire autour d'elle : « Ah ! la charmante enfant ! »

Cependant, Lili saluait toujours le tronc du vieux marronnier. Brusquement, je la vis se redresser et se mettre sous les armes : l'ombrelle penchée, le sourire aux lèvres, l'air un peu fou. Je compris bientôt. Une autre petite fille, une brune en jupe verte, venait par la grande allée. C'était une amie, et il s'agissait de s'aborder en toute élégance.

Les deux bambines se touchèrent légèrement la main, firent les grimaces d'usage entre femmes du même monde. Elles avaient ce sourire heureux qu'il est de bon ton d'avoir en pareille circonstance. Quand elles eurent achevé leurs politesses, elle se mirent à marcher côte à côte, causant d'une voix fluette. Il ne fut pas question du tout de jouer.

— Vous avez là une jolie robe.

— C'est de la valencienne, n'est-ce pas ? cette garniture.

— Maman a été indisposée, ce matin. J'ai bien craint de ne pouvoir venir, ainsi que je vous l'avais promis.

— Avez-vous vu la poupée de Thérèse ? Elle a un trousseau magnifique.

— Est-ce à vous celte ombrelle? Elle est charmante.

Lili devint très-rouge. Elle faisait des grâces avec l'ombrelle de sa mère, voyant qu'elle écrasait son amie qui n'avait pas d'ombrelle. La question de celle-ci l'embarrassa, elle comprit qu'elle était vaincue, si elle disait la vérité.

— Oui, répondit-elle gracieusement. C'est papa qui m'en a fait cadeau.

C'était le comble. Elle savait mentir, comme elle savait être belle. Elle pouvait grandir : elle n'ignorait rien de ce qui fait une jolie femme. Avec de telles éducations, comment voulez-vous que les pauvres maris dorment tranquilles?

A ce moment un petit garçon de huit ans passa, traînant une charrette chargée de cailloux. Il poussait des *hue*! terribles; il faisait le charretier; il jouait de tout son cœur; en passant, il manqua heurter Lili.

— Que c'est brutal un homme! dit-elle avec dédain. Voyez donc comme cet enfant est débraillé !

Ces demoiselles eurent un rire passablement méprisant. L'enfant, en effet, devait leur paraître bien petit garçon de faire ainsi le cheval. Dans vingt ans d'ici, si une d'elle l'épouse, elle le traitera toujours avec la supériorité d'une femme qui a su jouer de l'ombrelle à sept ans, lorsqu'à cet âge il ne savait encore que déchirer ses culottes.

Lili s'était remise à marcher, après avoir rétabli soigneusement les plis de sa jupe.

— Regardez donc, reprit-elle, cette grande bête de fille en robe blanche qui s'ennuie toute seule là-bas. L'autre jour, elle m'a fait demander si je voulais bien qu'elle me fût présentée. Imaginez-vous, ma chère, qu'elle est fille d'un petit employé. Vous comprenez, je n'ai pas voulu : on ne doit pas se compromettre.

Lili avait une moue de princesse outragée. Son amie était décidément battue : elle n'avait pas d'ombrelle, et personne encore ne sollicitait la faveur de lui être présenté. Elle pâlissait en femme qui assiste au triomphe d'une rivale. Elle avait passé le bras autour de la taille de Lili, cherchant à la chiffonner par derrière, sans qu'elle s'en aperçût. Et elle lui souriait, d'ailleurs, d'un adorable sourire, avec de petites dents blanches, prêtes à mordre.

Comme elles s'éloignaient de leurs mères, elles s'aperçurent enfin que je les observais. Dès lors, elles se firent plus sucrées : elles eurent des coquetteries de demoiselles qui veulent mériter et retenir l'attention. Un monsieur était là qui les regardait. Ah ! filles d'Ève, le diable vous tente au berceau !

Puis, elles éclatèrent de rire. Un détail de ma toilette devait les surprendre, leur paraître très-comique : mon chapeau sans doute, dont la forme n'est plus de mode. Elles se moquaient de moi, à la lettre ; elles raillaient, la main sur les lèvres, retenant les perles de leurs rires, comme les dames font dans les salons. Je finis par avoir honte, par rougir, par ne plus savoir que faire de ma personne. Et je m'enfuis, abandonnant la place à ces deux bambines qui avaient des gaietés et des regards étranges de femmes faites.

III

Ah ! Ninon, Ninon, emmène-moi ces demoiselles dans des fermes, habille-les de toile grise et laisse-les se rouler dans la mare où barbottent les canards. Elle reviendront bêtes comme des oies, saines et vigoureuses comme de jeunes arbres. Quand nous les épouserons, nous leur apprendrons à nous aimer. Elles seront assez savantes.

LA LÉGENDE

DU PETIT-MANTEAU BLEU DE L'AMOUR

I

Elle naquit, la belle fille aux cheveux roux, un
matin de décembre, comme la neige tombait,
lente et virginale. Il y eut, dans l'air, des signes
certains qui annoncèrent la mission d'amour
qu'elle venait accomplir ; le soleil brilla, rose
sur la neige blanche, et il passa sur les toits
des parfums de lilas et des chants d'oiseaux,
comme au printemps.

Elle vit le jour au fond d'un bouge, par humilité sans doute, afin de montrer qu'elle souhaitait
les seules richesses du cœur. Elle n'eut pas de famille, elle put aimer l'humanité entière, ayant les

bras assez souples pour embrasser le monde. Dès
qu'elle atteignit l'âge d'amour, elle quitta l'ombre
où elle se recueillait ; elle se mit à marcher par
les chemins, à chercher les affamés qu'elle ras-
sassiait de ses regards.

C'était une grande et forte fille, aux yeux noirs,
à la bouche rouge. Elle avait une chair d'une pâleur mate, couverte d'un duvet léger qui faisait de
sa peau un velours blanc. Quand elle marchait,
son corps ondulait dans un rhythme tendre.

D'ailleurs, en quittant la paille où elle était née,
elle avait compris qu'il entrait dans sa mission de
se vêtir de soie et de dentelle. Elle tenait en don
ses dents blanches, ses joues roses ; elle sut trouver
des colliers de perles blancs comme ses dents, des
jupes de satin roses comme ses joues.

Et quand elle fut équipée, il fit bon la rencontrer dans les sentiers, par les claires matinées de
mai. Elle avait le cœur et les lèvres ouvertes à tous
venants. Lorsqu'elle trouvait un mendiant sur le
bord d'un fossé, elle le questionnait d'un sourire ;
s'il se plaignait des brûlures, des fièvres âpres du
cœur, vite sa bouche lui donnait une aumône, et
la misère du mendiant était soulagée.

Aussi tous les pauvres de la paroisse la connais-
saient-ils. Ils se pressaient à sa porte, attendant la

9

distribution. Comme une sœur charitable, elle descendait matin et soir, partageant ses trésors de tendresse, servant à chacun sa part.

Elle était bonne et tendre comme le pain blanc. Les pauvres de la paroisse l'avaient surnommée le Petit-Manteau bleu de l'amour.

II

Or, il advint qu'une épidémie terrible désola la contrée. Tous les jeunes gens furent frappés, et le plus grand nombre faillit en mourir.

Les symptômes du fléau étaient terrifiants. Le cœur cessait de battre, la tête se vidait, le moribond s'abêtissait. Les jeunes hommes, pareils à des pantins ridicules, se promenaient en ricanant, en achetant des cœurs à la foire, comme les enfants achètent des bâtons de sucre d'orge. Quand l'épidémie s'attaquait à de braves garçons, le mal se manifestait par une tristesse noire, une désespérance mortelle. Les artistes pleuraient d'impuissance devant leurs œuvres, les amants inassouvis allaient se jeter dans les rivières.

Vous pensez que la belle enfant sut se distinguer, en cette circonstance grave. Elle établit des ambu-

.lances, elle soigna les malades nuit et jour, usant ses lèvres à fermer les blessures, remerciant le ciel de la grande tâche qu'il lui donnait.

Elle fut une providence pour les jeunes hommes. Elle en sauva un grand nombre. Ceux dont elle ne put guérir le cœur, furent ceux qui n'avaient déjà plus de cœur. Son traitement était simple : elle donnait aux malades ses mains secourables, son souffle tiède. Jamais elle ne demandait un payement. Elle se ruinait avec insouciance, faisant l'aumône à pleine bouche.

Aussi les avares du temps hochaient-ils la tête, en voyant la jeune prodigue disperser de la sorte la grande fortune de ses grâces. Ils disaient entre eux :

— Elle mourra sur la paille, elle qui donne le sang de son cœur, sans jamais en peser les gouttes.

III

Un jour, en effet, comme elle fouillait son cœur, elle le trouva vide. Elle eut un frisson de terreur : il lui restait à peine quelques sous de tendresse. Et l'épidémie sévissait toujours.

L'enfant se révolta, ne songeant plus à l'immense fortune qu'elle avait dissipée follement, éprouvant des besoins de charité cuisants qui lui rendaient sa misère plus affreuse. Il était si doux, par les beaux soleils, d'aller en quête des mendiants, si doux d'aimer et d'être aimée! Et, maintenant, il lui fallait vivre à l'ombre, en attendant à son tour des aumônes qui ne viendraient peut-être jamais.

Un instant, elle eut la sage pensée de garder précieusement les quelques sous qui lui restaient et de les dépenser en toute prudence. Mais il lui prit un tel froid, dans son isolement, qu'elle finit par sortir, cherchant les rayons de mai.

Sur son chemin, à la première borne, elle rencontra un jeune homme dont le cœur se mourait évidemment d'inanition. A cette vue, sa charité ardente s'éveilla. Elle ne pouvait mentir à sa mission. Et, rayonnante de bonté, plus grande d'abnégation, elle mit tout le reste de son cœur sur ses lèvres, se courba doucement, donna un baiser au jeune homme, en lui disant :

— Tiens, voilà mon dernier louis. Rends-moi la monnaie.

IV

Le jeune homme lui rendit la monnaie.

Le soir même, elle envoya à ses pauvres une lettre de faire-part, pour leur apprendre qu'elle se voyait forcée de suspendre ses aumônes. Il restait à la chère fille tout juste de quoi vivre dans une honnête aisance, avec le dernier affamé qu'elle avait secouru.

La légende du Petit-Manteau bleu de l'amour n'a pas de morale.

LE FORGERON

Le Forgeron était un grand, le plus grand du pays, les épaules noueuses, la face et les bras noirs des flammes de la forge et de la poussière de fer des marteaux. Il avait, dans son crâne carré, sous l'épaisse broussaille de ses cheveux, de gros yeux bleus d'enfant, clairs comme de l'acier. Sa mâchoire large roulait avec des rires, des bruits d'haleine qui ronflaient, pareils à la respiration et aux gaietés géantes de son soufflet ; et, quand il levait les bras, dans un geste de puissance satisfaite, — geste dont le travail de l'enclume lui avait donné l'habitude, — il semblait porter ses cinquante ans plus gaillardement encore qu'il ne soulevait « la Demoiselle, » une masse pesant vingt-cinq livres, une terrible fillette qu'il pouvait seul mettre en danse, de Vernon à Rouen.

J'ai vécu une année chez le Forgeron, toute une année de convalescence. J'avais perdu mon cœur, perdu mon cerveau, j'étais parti, allant devant moi, me cherchant, cherchant un coin de paix et de travail, où je pusse retrouver ma virilité. C'est ainsi qu'un soir, sur la route, après avoir dépassé le village, j'ai aperçu la forge, isolée, toute flambante, plantée de travers à la croix des Quatre-Chemins. La lueur était telle, que la porte charretière, grande ouverte, incendiait le carrefour, et que les peupliers, rangés en face, le long du ruisseau, fumaient comme des torches. Au loin, au milieu de la douceur du crépuscule, la cadence des marteaux sonnait à une demi-lieue, semblable au galop de plus en plus rapproché de quelque régiment de fer. Puis, là, sous la porte béante, dans la clarté, dans le vacarme, dans l'ébranlement de ce tonnerre, je me suis arrêté, heureux, consolé déjà, à voir ce travail, à regarder ces mains d'homme tordre et aplatir les barres rouges.

J'ai vu, par ce soir d'automne, le Forgeron pour la première fois. Il forgeait le soc d'une charrue. La chemise ouverte, montrant sa rude poitrine, où les côtes, à chaque souffle, marquaient leur carcasse de métal éprouvé, il se renversait, prenait un élan, abattait le marteau. Et cela, sans un arrêt, avec un balancement souple et continu du corps, avec une poussée implacable des muscles. Le marteau tournait dans un cercle régulier, emportant des étincelles, laissant derrière lui un éclair. C'était « la Demoiselle », à laquelle le Forgeron donnait ainsi le branle, à deux mains ; tandis que son fils, un gaillard de vingt ans, tenait le fer enflammé au bout de la pince, et tapait de son côté, tapait des coups sourds qu'étouffait la danse éclatante de la terrible fillette du vieux. Toc, toc, — toc, toc, on eût dit la voix grave d'une mère encourageant les premiers bégayements d'un enfant. « La Demoiselle » valsait toujours, en secouant les paillettes de sa robe, en laissant ses talons marqués dans le soc qu'elle façonnait, chaque fois qu'elle rebondissait sur l'enclume. Une flamme saignante coulait jusqu'à terre, éclairant les arêtes saillantes des deux ouvriers, dont les grandes ombres s'allongeaient dans les coins sombres et confus de la forge. Peu à peu, l'incendie pâlit, le Forgeron s'arrêta. Il resta noir, debout, appuyé sur le manche du marteau, avec une sueur au front qu'il n'essuyait même pas. J'entendais le souffle de ses côtes encore ébranlées, dans le grondement du soufflet que son fils tirait, d'une main lente.

Le soir, je couchais chez le Forgeron, et je ne

m'en allais plus. Il avait une chambre libre, en
haut, au-dessus de la forge, qu'il m'offrit et que
j'acceptai. Dès cinq heures, avant le jour, j'entrais
dans la besogne de mon hôte. Je m'éveillais au
rire de la maison entière, qui s'animait jusqu'à la
nuit de sa gaieté énorme. Sous moi, les marteaux dansaient. Il semblait que « la Demoiselle »
me jetât hors du lit, en tapant au plafond, en me
traitant de fainéant. Toute la pauvre chambre,
avec sa grande armoire, sa table de bois blanc,
ses deux chaises, craquait, me criait de me hâter.
Et il me fallait descendre. En bas, je trouvais la
forge déjà rouge. Le soufflet ronronnait, une
flamme bleue et rose montait du charbon, où la
rondeur d'un astre semblait luire, sous le vent qui
creusait la braise. Cependant, le Forgeron préparait la besogne du jour. Il remuait du fer dans les
coins, retournait des charrues, examinait des
roues. Quand il m'apercevait, il mettait les poings
aux côtes, le digne homme, et il riait, la bouche
fendue jusqu'aux oreilles. Cela l'égayait, de m'avoir
délogé du lit à cinq heures. Je crois qu'il tapait
pour taper, le matin, pour sonner le réveil avec
le formidable carillon de ses marteaux. Il posait
ses grosses mains sur mes épaules, se penchait
comme s'il eût parlé à un enfant, en me disant que

je me portais mieux, depuis que je vivais au milieu de sa ferraille. Et tous les jours, nous prenions le vin blanc ensemble, sur le cul d'une vieille carriole renversée.

Puis, souvent, je passais ma journée à la forge. L'hiver surtout, par les temps de pluie, j'ai vécu toutes mes heures là. Je m'intéressais à l'ouvrage. Cette lutte continue du Forgeron contre ce fer brut qu'il pétrissait à sa guise, me passionnait comme un drame puissant. Je suivais le métal du fourneau sur l'enclume, j'avais de continuelles surprises à le voir se ployer, s'étendre, se rouler, pareil à une cire molle, sous l'effort victorieux de l'ouvrier. Quand la charrue était terminée, je m'agenouillais devant elle, je ne reconnaissais plus l'ébauche informe de la veille, j'examinais les pièces, rêvant que des doigts souverainement forts les avaient prises et façonnées ainsi sans le secours du feu. Parfois, je souriais en songeant à une jeune fille que j'avais aperçue, autrefois, pendant des journées entières, en face de ma fenêtre, tordant de ses mains fluettes des tiges de laiton, sur lesquelles elle attachait, à l'aide d'un fil de soie, des violettes artificielles.

Jamais le Forgeron ne se plaignait. Je l'ai vu, après avoir battu le fer pendant des journées de

quatorze heures, rire le soir de son bon rire, en
se frottant les bras d'un air satisfait. Il n'était
jamais triste, jamais las. Il aurait soutenu la maison sur son épaule, si la maison avait croulé.
L'hiver, il disait qu'il faisait bon dans sa forge.
L'été, il ouvrait la porte toute grande et laissait
entrer l'odeur des foins. Quand l'été vint, à la
tombée du jour, j'allais m'asseoir à côté de lui,
devant la porte. On était à mi-côte ; on voyait de là
toute la largeur de la vallée. Il était heureux de
ce tapis immense de terres labourées, qui se perdait à l'horizon dans le lilas clair du crépuscule.

Et le Forgeron plaisantait souvent. Il disait que
toutes ces terres lui appartenaient, que la forge,
depuis plus de deux cents ans, fournissait des charrues à tout le pays. C'était son orgueil. Pas une mois-
son ne poussait sans lui. Si la plaine était verte en
mai et jaune en juillet, elle lui devait cette soie
changeante. Il aimait les récoltes comme ses filles,
ravi des grands soleils, levant le poing contre les
nuages de grêle qui crevaient. Souvent, il me montrait au loin quelque pièce de terre qui paraissait
moins large que le dos de sa veste, et il me racon-
tait en quelle année il avait forgé une charrue
pour ce carré d'avoine ou de seigle. A l'époque du
labour, il lâchait parfois ses marteaux ; il venait

au bord de la route ; la main sur les yeux, il regardait. Il regardait la famille nombreuse de ses charrues mordre le sol, tracer leurs sillons, en face, à gauche, à droite. La vallée en était toute pleine. On eût dit, à voir les attelages filer lentement, des régiments en marche. Les socs des charrues luisaient au soleil, avec des reflets d'argent. Et lui, levait les bras, m'appelait, me criait de venir voir quelle « sacrée besogne » elles faisaient.

Toute cette ferraille retentissante qui sonnait au-dessous de moi, me mettait du fer dans le sang. Cela me valait mieux que les drogues des pharmacies. J'étais accoutumé à ce vacarme, j'avais besoin de cette musique des marteaux sur l'enclume pour m'entendre vivre. Dans ma chambre tout animée par les ronflements du soufflet, j'avais retrouvé ma pauvre tête. Toc, toc, — toc, toc, — c'était là comme le balancier joyeux qui réglait mes heures de travail. Au plus fort de l'ouvrage, lorsque le Forgeron se fâchait, que j'entendais le fer rouge craquer sous les bonds des marteaux endiablés, j'avais une fièvre de géant dans les poignets, j'aurais voulu aplatir le monde d'un coup de ma plume. Puis, quand la forge se taisait, tout faisait silence dans mon crâne ; je descendais, et j'avais honte de ma besogne, à voir tout ce métal vaincu et fumant encore.

Ah ! que je l'ai vu superbe, parfois, le forgeron, pendant les chaudes après-midi ! Il était nu jusqu'à la ceinture, les muscles saillants et tendus, semblable à une de ces grandes figures de Michel-Ange, qui se redressent dans un suprême effort. Je trouvais, à le regarder, la ligne sculpturale moderne, que nos artistes cherchent péniblement dans les chairs mortes de la Grèce. Il m'apparaissait comme le héros grandi du travail, l'enfant infatigable de ce siècle, qui bat sans cesse sur l'enclume l'outil de notre analyse, qui façonne dans le feu et par le fer la société de demain. Lui, jouait avec ses marteaux. Quand il voulait rire, il prenait « la demoiselle, » et, à toute volée, il tapait. Alors il faisait le tonnerre chez lui, dans l'halètement rose du fourneau. Je croyais entendre le soupir du peuple à l'ouvrage.

C'est là, dans la forge, au milieu des charrues, que j'ai guéri à jamais mon mal de paresse et de doute.

LE CHOMAGE

I

Le matin, quand les ouvriers arrivent à l'atelier, ils le trouvent froid, comme noir d'une tristesse de ruine. Au fond de la grande salle, la machine est muette, avec ses bras maigres, ses roues immobiles ; et elle met là une mélancolie de plus, elle dont le souffle et le branle animent toute la maison, d'ordinaire, du battement d'un cœur de géant, rude à la besogne.

Le patron descend de son petit cabinet. Il dit d'un air triste aux ouvriers :

— Mes enfants, il n'y a pas de travail aujourd'hui.... Les commandes n'arrivent plus ; de tous les côtés, je reçois des contre-ordres, je vais rester avec de la marchandise sur les bras. Ce mois de décembre, sur lequel je comptais, ce mois de gros travail, les autres années, menace de ruiner les maisons les plus solides... Il faut tout suspendre.

Et comme il voit les ouvriers se regarder entre eux avec la peur du retour au logis, la peur de la faim du lendemain, il ajoute d'un ton plus bas :

— Je ne suis pas égoïste, non, je vous le jure... Ma situation est aussi terrible, plus terrible peut-être que la vôtre. En huit jours, j'ai perdu cinquante mille francs. J'arrête le travail aujourd'hui, pour ne pas creuser le gouffre davantage ; et je n'ai pas le premier sou de mes échéances du 15... Vous voyez, je vous parle en ami, je ne vous cache rien. Demain, peut-être, les huissiers seront ici. Ce n'est pas notre faute, n'est-ce pas ? Nous avons lutté jusqu'au bout. J'aurais voulu vous aider à passer ce mauvais moment ; mais c'est fini, je suis à terre ; je n'ai plus de pain à partager.

Alors, il leur tend la main. Les ouvriers la lui serrent silencieusement. Et, pendant quelques minutes, ils restent là, à regarder leurs outils inutiles, les poings serrés. Les autres matins, dès le jour, les limes chantaient, les marteaux marquaient le rhythme ; et tout cela semble déjà dormir dans la poussière de la faillite. C'est vingt, c'est trente familles qui ne mangeront pas la semaine suivante.

Quelques femmes qui travaillaient dans la fabrique ont des larmes au bord des yeux. Les hommes veulent paraître plus fermes. Ils font les braves, ils disent qu'on ne meurt pas de faim dans Paris.

Puis, quand le patron les quitte, et qu'ils le voient s'en aller, voûté en huit jours, écrasé peut-être par un désastre plus grand encore qu'il ne l'avoue, ils se retirent un à un, étouffant dans la salle, la gorge serrée, le froid au cœur, comme s'ils sortaient de la chambre d'un mort. Le mort, c'est le travail, c'est la grande machine muette, dont le squelette est sinistre dans l'ombre.

II

L'ouvrier est dehors, dans la rue, sur le pavé. Il a battu les trottoirs pendant huit jours, sans pouvoir trouver du travail. Il est allé de porte en porte, offrant ses bras, offrant ses mains, s'offrant tout entier à n'importe quelle besogne, à la plus rebutante, à la plus dure, à la plus mortelle. Toutes les portes se sont refermées.

Alors, l'ouvrier a offert de travailler à moitié prix. Les portes ne se sont pas rouvertes. Il travaillerait pour rien qu'on ne pourrait le garder.

C'est le chômage, le terrible chômage qui sonne le glas des mansardes. La panique a arrêté toutes les industries, et l'argent, l'argent lâche s'est caché.

Au bout des huit jours, c'est bien fini. L'ouvrier a fait une suprême tentative, et il revient lentement, les mains vides, éreinté de misère. La pluie tombe; ce soir-là, Paris est funèbre dans la boue. Il marche sous l'averse, sans la sentir, n'entendant que sa faim, s'arrêtant pour arriver moins vite. Il s'est penché sur un parapet de la Seine; les eaux grossies coulent avec un long bruit; des rejaillissements d'écume blanche se déchirent à une pile du pont. Il se penche davantage, la coulée colossale passe sous lui, en lui jetant un appel furieux. Puis, il se dit que ce serait lâche, et il s'en va.

La pluie a cessé. Le gaz flamboie aux vitrines des bijoutiers. S'il crevait une vitre, il prendrait d'une poignée du pain pour des années. Les cuisines des restaurants s'allument; et, derrière les rideaux de mousseline blanche, il aperçoit des gens qui mangent. Il hâte le pas, il remonte au faubourg, le long des rôtisseries, des charcuteries, des pâtisseries, de tout le Paris gourmand qui s'étale aux heures de la faim.

Comme la femme et la petite fille pleuraient, le matin, il leur a promis du pain pour le soir. Il n'a

pas osé venir leur dire qu'il avait menti, avant la
nuit tombée. Tout en marchant, il se demande
comment il entrera, ce qu'il racontera, pour leur
faire prendre patience. Ils ne peuvent pourtant
rester plus longtemps sans manger. Lui, essaye-
rait bien, mais la femme et la petite sont trop
chétives.

Et, un instant, il a l'idée de mendier. Mais quand
une dame ou un monsieur passent à côté de lui,
et qu'il songe à tendre la main, son bras se raidit,
sa gorge se serre. Il reste planté sur le trottoir,
tandis que les gens comme il faut se détournent,
le croyant ivre, à voir son masque farouche d'affamé.

III

La femme de l'ouvrier est descendue sur le seuil
de la porte, laissant en haut la petite endormie. La
femme est toute maigre, avec une robe d'indienne. Elle grelotte dans les souffles glacés de la
rue.

Elle n'a plus rien au logis ; elle a tout porté au
Mont-de-Piété. Huit jours sans travail suffisent
pour vider la maison. La veille, elle a vendu chez

un fripier la dernière poignée de laine de son matelas ; le matelas s'en est allé ainsi ; maintenant, il ne reste que la toile. Elle l'a accrochée devant la fenêtre pour empêcher l'air d'entrer, car la petite tousse beaucoup.

Sans le dire à son mari, elle a cherché de son côté. Mais le chômage a frappé plus rudement les femmes que les hommes. Sur son palier, il y a des malheureuses qu'elle entend sangloter pendant la nuit. Elle en a rencontré une tout debout au coin d'un trottoir ; une autre est morte ; une autre a disparu.

Elle, heureusement, a un bon homme, un mari qui ne boit pas. Ils seraient à l'aise, si des mortes saisons ne les avaient dépouillés de tout. Elle a épuisé les crédits : elle doit au boulanger, à l'épicier, à la fruitière, et elle n'ose plus même passer devant les boutiques. L'après-midi, elle est allée chez sa sœur pour emprunter vingt sous ; mais elle a trouvé, là aussi, une telle misère qu'elle s'est mise à pleurer, sans rien dire, et que toutes deux, sa sœur et elle, ont pleuré longtemps ensemble. Puis, en s'en allant, elle a promis d'apporter un morceau de pain, si son mari rentrait avec quelque chose.

Le mari ne rentre pas. La pluie tombe,

se réfugie sous la porte ; de grosses gouttes clapotent à ses pieds, une poussière d'eau pénètre sa mince robe. Par moments, l'impatience la prend, elle sort, malgré l'averse, elle va jusqu'au bout de la rue, pour voir si elle n'aperçoit pas celui qu'elle attend, au loin, sur la chaussée. Et quand elle revient, elle est trempée ; elle passe ses mains sur ses cheveux pour les essuyer ; elle patiente encore, secouée par de courts frissons de fièvre.

Le va-et-vient des passants la coudoie. Elle se fait toute petite pour ne gêner personne. Des hommes la regardent en face ; elle sent, par moments, des haleines chaudes qui lui effleurent le cou. Tout le Paris suspect, la rue avec sa boue, ses clartés crues, ses roulements de voiture, semble vouloir la prendre et la jeter au ruisseau. Elle a faim, elle est à tout le monde. En face, il y a un boulanger, et elle pense à la petite qui dort, en haut.

Puis, quand le mari se montre enfin, filant comme un misérable le long des maisons, elle se précipite, elle le regarde anxieusement.

— Eh bien ! balbutie-t-elle.

Lui, ne répond pas, baisse la tête. Alors, elle monte la première, pâle comme une morte.

IV

En haut, la petite ne dort pas. Elle s'est réveillée, elle songe, en face du bout de chandelle qui agonise sur un coin de la table. Et on ne sait quoi de monstrueux et de navrant passe sur la face de cette gamine de sept ans, aux traits flétris et sérieux de femme faite.

Elle est assise sur le bord du coffre qui lui sert de couche. Ses pieds nus pendent, grelottants ; ses mains de poupée maladive ramènent contre sa poitrine les chiffons qui la couvrent. Elle sent là une brûlure, un feu qu'elle voudrait éteindre. Elle songe.

Elle n'a jamais eu de jouets. Elle ne peut aller à l'école, parce qu'elle n'a pas de souliers. Plus petite, elle se rappelle que sa mère la menait au soleil. Mais cela est loin. Il a fallu déménager ; et, depuis ce temps, il lui semble qu'un grand froid a soufflé dans la maison. Alors, elle n'a plus été contente ; toujours elle a eu faim.

C'est une chose profonde dans laquelle elle descend, sans pouvoir la comprendre. Tout le monde a donc faim ? Elle a pourtant tâché de s'habituer à cela, et elle n'a pas pu. Elle pense qu'elle est trop petite, qu'il faut être grande pour savoir. Sa mère sait, sans doute, cette chose qu'on cache aux enfants. Si elle osait, elle lui demanderait qui vous met ainsi au monde pour que vous ayez faim.

Puis, c'est si laid, chez eux ! Elle regarde la fenêtre où bat la toile du matelas, les murs nus, les meubles écloppés, toute cette honte du grenier que le chômage salit de son désespoir. Dans son ignorance, elle croit avoir rêvé des chambres tièdes avec de beaux objets qui luisaient ; elle ferme les yeux pour revoir cela ; et, à travers ses paupières amincies, la lueur de la chandelle devient un grand resplendissement d'or dans lequel elle voudrait entrer. Mais le vent souffle, il vient un tel courant d'air par la fenêtre qu'elle est prise d'un accès de toux. Elle a des larmes plein les yeux.

Autrefois, elle avait peur, lorsqu'on la laissait toute seule ; maintenant, elle ne sait plus, ça lui est égal. Comme on n'a pas mangé depuis la veille, elle pense que sa mère est descendue chercher du pain. Alors, cette idée l'amuse. Elle taillera son pain en tout petits morceaux ; elle les prendra lentement, un à un. Elle jouera avec son pain.

La mère est rentrée, le père a fermé la porte. La petite leur regarde les mains à tous deux, trèssurprise. Et, comme ils ne disent rien, au bout d'un bon moment, elle répète sur un ton chantant :

— J'ai faim, j'ai faim.

Le père s'est pris la tête entre les poings, dans un coin d'ombre ; il reste là, écrasé, les épaules secouées par de rudes sanglots silencieux. La mère, étouffant ses larmes, est venue recoucher la petite. Elle la couvre avec toutes les hardes du logis, elle lui dit d'être sage, de dormir. Mais l'enfant, dont le froid fait claquer les dents, et qui sent le feu de sa poitrine la brûler plus fort, devient très-hardie. Elle se pend au cou de sa mère ; puis, doucement :

— Dis, maman, demande-t-elle, pourquoi donc avons-nous faim ?

LE PETIT VILLAGE

I

Où est-il, le petit village? Dans quel pli de terrain cache-t-il ses maisons blanches? Se groupent-elles autour de l'église, au fond de quelque creux? ou, le long d'une grande route, s'en vont-elles gaiement à la file? ou encore grimpent-elles sur un coteau, comme des chèvres capricieuses, étageant et cachant à demi leurs toits rouges dans les verdures?

A-t-il un nom doux à l'oreille, le petit village? Est-ce un nom tendre, aisé aux lèvres françaises, ou quelque nom allemand, rude, hérissé de consonnes, rauque comme un cri de corbeau?

Et moissonne-t-on, vendange-t-on, dans le petit village? Est-ce pays de blés ou pays de vignobles?

A cette heure, que font les habitants dans les terres, au grand soleil? Le soir, au retour, le long des sentiers, s'arrêtent-ils pour voir d'un coup d'œil les larges récoltes, en remerciant le ciel de l'année heureuse?

II

Je me l'imagine volontiers sur un coteau. Il est là, si discret dans les arbres, que, de loin, on le prendrait pour un champ de rochers écroulés et couverts de mousse. Mais des fumées sortent des branches; dans un sentier qui descend la pente, des enfants poussent une brouette. Alors, de la plaine, on le regarde avec une envie jalouse; on passe, en emportant le souvenir de ce nid entrevu.

Non, je le crois plutôt dans un coin de la plaine, au bord d'un ruisseau. Il est si petit qu'un rideau de peupliers le cache à tous les yeux. Ses chaumières, pareilles à des baigneuses chastes, disparaissent dans les oseraies de la rive. Un bout de prairie verte lui sert de tapis; une haie vive le clôt de toutes parts, comme un grand jardin. On passe à côté de lui sans le voir. Les voix des laveuses

sonnent, semblables à des voix de fauvettes. Pas
un filet de fumée. Il dort dans sa paix, au fond de
son alcôve verte.

Aucun de nous ne le connaît. La ville voisine
sait à peine qu'il existe, et il est si humble que pas
un géographe ne s'est soucié de lui. Ce n'est personne. Son nom prononcé n'éveille aucun souvenir. Dans la foule des villes, aux noms retentis-
sants, il est un inconnu, sans histoire, sans gloires
et sans hontes, qui s'efface modestement.

Et c'est pour cela sans doute qu'il sourit si
doucement, le petit village. Ses paysans vivent au
désert ; les marmots se roulent sur la berge ; les
femmes filent dans l'ombre des arbres. Lui, tout
heureux de son obscurité, s'emplit des gaietés du
ciel. Il est si loin de la boue et du tapage des
grandes cités ! Son rayon de soleil lui suffit ; sa
joie est faite de son silence, de son humilité, de ce
rideau de peupliers qui le cache au monde entier.

III

Et, demain peut-être, le monde entier saura
qu'il existe, le petit village.

Ah ! misère ! la rivière sera rouge, le rideau de

peupliers aura été rasé par les boulets, les chaumières éventrées montreront le désespoir muet des familles, le petit village sera célèbre.

Plus de chant de laveuses, plus de marmots se roulant sur la berge, plus de récoltes, plus de silence, plus d'humilité heureuse. Un nouveau nom dans l'histoire, victoire ou défaite, une nouvelle page sanglante, un nouveau coin du pays engraissé par le sang de nos enfants.

Il rit, il sommeille, il ignore qu'il donnera son nom à une tuerie, et demain il sanglotera, il retentira dans l'Europe avec des râles d'agonie. Puis, il restera sur la terre comme une tache de sang. Lui, si gai, si tendre, il s'entourera d'un cercle d'ombre sinistre, il verra des visiteurs blêmes passer devant ses ruines, comme on passe devant les dalles de la Morgue. Il sera maudit.

Nous, s'il est Austerlitz ou Magenta, nous l'entendrons sonner dans nos cœurs avec des éclats de clairons. Et, s'il est Waterloo, il roulera lugubrement dans nos mémoires, comme le son d'un tambour voilé d'un crêpe, menant les funérailles de la nation.

Qu'il regrettera alors ses rives solitaires, ses paysans ignorants, son coin perdu, si loin des hommes, connu seulement des hirondelles qui y revenaient à chaque printemps! Souillé, honteux, avec son ciel empli d'un vol de corbeaux, et ses terres grasses puant la mort, il vivra éternellement dans les siècles, comme un coupe-gorge, un endroit louche où deux nations se seront égorgées.

Le nid d'amour, le nid de paix, le petit village, ne sera plus qu'un cimetière, une fosse commune, où les mères éplorées ne pourront aller déposer des couronnes.

IV

La France a semé le monde de ces cimetières lointains. Aux quatre coins de l'Europe, nous pourrions nous agenouiller et prier. Nos champs de repos ne s'appellent pas seulement le Père-Lachaise, Montmartre, Montparnasse; ils s'appellent encore du nom de toutes nos victoires et de toutes nos défaites. Il n'y a pas, sous le ciel, un coin de terre où ne soit couché un Français assassiné, de la Chine au Mexique, des neiges de la Russie aux sables de l'Égypte.

Cimetières silencieux et déserts qui dorment lourdement dans la paix immense de la campagne. La plupart, presque tous, s'ouvrent au pied de

quelque hameau désolé dont les murs croulants
sont encore pleins d'épouvante. Waterloo n'était
qu'une ferme, Magenta comptait à peine cinquante
maisons. Un vent affreux a soufflé sur ces infini-
ment petits, et leurs syllabes, la veille innocentes,
ont pris une telle odeur de sang et de poudre, qu'à
jamais l'humanité frissonnera, en les sentant sur
ses lèvres.

Pensif, je regardais une carte du théâtre de la
guerre. Je suivais les bords du Rhin, j'interrogeais
les plaines et les montagnes. Le petit village était-il
à gauche, était-il à droite du fleuve? Fallait-il le
chercher dans les environs des places fortes, ou
plus loin, dans quelque solitude large?

Et j'essayais alors, en fermant les yeux, de m'i-
maginer cette paix, ce rideau de peupliers tiré devant les maisons blanches, ce bout de prairie que
rase le vol des hirondelles, ces chansons des lavandières, cette terre vierge que la guerre va vio-
ler, et dont les clairons souffleront brutalement la
souillure aux quatre coins de l'horizon.

Où est-il donc, le petit village[1]?

_____

[1] Le petit village était en Alsace. Il s'appelait Wœrth.

SOUVENIRS

SOUVENIRS

I

Oh! l'éternelle pluie, l'ennuyeuse pluie, la pluie grise qui met un crêpe au ciel de mai et de juin! On va à la fenêtre, on soulève un coin de rideau. Le soleil est noyé. Entre deux ondées, il surnage, blafard, verdi, comme un corps d'astre qui s'est suicidé de désespoir, et que quelque marinier céleste ramène d'un coup de croc.

Te rappelles-tu, Ninon, la bise aigre du printemps, quand il a plu? On a quitté Paris avec le printemps des poëtes, le printemps rêvé dans le cœur, une saison tiède, des nappes de fleurs, des crépuscules alanguis. On arrive à la nuit tombante. Le ciel est mort, pas un brin de braise n'al-

lume le couchant, morne foyer de cendres froides.
Il faut enjamber les flaques des sentiers, **avec**
l'humidité pénétrante des feuillages sur *les* épaules. Et quand on entre dans la grande pièce mélancolique, où l'hiver a mis tous ses frissons, **on**
grelotte, on ferme portes et fenêtres, on allume
un grand feu de sarment, en maudissant les pa-
resses du soleil.

Pendant huit jours, la pluie vous tient au logis.
Au loin, au milieu du lac des prairies inondées,
toujours le même rideau de peupliers qui se fon-
dent en eau, ruisselants, amaigris, vagues dans la
buée qui les noie. Puis, une mer grise, une poussière de pluie roulant et barrant l'horizon. On
bâille, on cherche à s'intéresser aux canards qui
se risquent sous l'averse, aux parapluies bleus des
paysans qui passent. On bâille plus largement.
Les cheminées fument, le bois vert pleure sans
brûler, il semble que le déluge monte, qu'il
gronde à la porte, qu'il pénètre par toutes les
fentes comme un sable fin. Et de désespoir on reprend le chemin de fer, on rentre à Paris, niant
le soleil, niant le printemps.

Et pourtant rien ne me désespère plus que ces fiacres que l'on rencontre filant vers les gares. Ils sont chargés de malles, ils traversent la ville avec la mine souriante de prisonniers dont on vient de lever l'écrou.

Je bats de mes pieds les trottoirs, je les regarde rouler vers les rivières bleues, les grandes eaux, les grands monts, les grands bois. Celui-ci va peut-être à un trou de rochers, que je connais près de Marseille ; on est bien, dans ce trou, où l'on peut se déshabiller comme dans une cabine, et où les vagues viennent vous chercher. Celui-là certainement court en Normandie, dans le coin de verdure que j'aime, près du coteau qui produit ce petit vin aigre dont le bouquet gratte si agréablement le gosier. Cet autre part sans doute pour l'inconnu, ici ou là, quelque part où l'on sera très-bien, à l'ombre, au soleil peut-être, je ne sais, enfin là où je brûle d'aller.

Les cochers tapent leurs rosses du bout du fouet. Ils ne semblent guère se douter qu'ils fouettent mon rêve. Eux, se disent que les malles sont lourdes et que les pourboires sont légers. Ils ne savent même pas qu'ils font le deuil des pauvres garçons qui passent, en voiture dans leurs souliers, et qui sont condamnés à roussir leurs semelles à Paris, sur l'ardent pavé de juillet et d'août.

Oh ! cette file de fiacres, chargés de malles,
roulant vers les gares ! cette vision de la grande
cage ouverte, des oiseaux heureux prenant leur
volée ! cette raillerie cruelle de la liberté traversant les galères de nos rues et de nos places ! ce
cauchemar de tous mes printemps qui me trouble
dans mon cachot, qui m'emplit du désir inassouvi
des feuillages et des cieux libres !

~~~~~

Je voudrais me faire tout petit, tout petit, et me
glisser dans la grande malle de cette dame en chapeau rose, dont le coupé se dirige vers la gare de
Lyon. On doit être très-bien, dans la malle de cette
dame. Je devine des jupes soyeuses, des linges fins,
toutes sortes de choses douces, parfumées, tièdes.
Je me coucherai sur quelque soie claire, j'aurai sous
le nez des mouchoirs de batiste, et si j'ai froid, ma
foi, tant pis ! je mettrai tous les jupons sur moi.

Elle est fort jolie, cette dame. Vingt-cinq ans au
plus. Un menton ravissant avec une fossette qui
doit se creuser quand elle rit. Je voudrais la faire
rire, pour voir. Ce diable de cocher est bienheu-
reux de la promener dans sa boîte. Elle doit aimer

la violette. Je suis sûr que son linge est parfumé à la violette. C'est exquis. Je roule au fond de sa malle pendant des heures, pendant des jours. J'ai creusé mon trou dans le coin à gauche, entre le paquet des chemises et un grand carton qui me gêne un peu. J'ai eu la curiosité de soulever le couvercle du carton ; il contenait deux chapeaux, un petit portefeuille plein de lettres, puis des choses que je n'ai pas voulu voir. J'ai mis le carton sous ma tête et m'en suis fait un oreiller. Je roule, je roule. Les bas sont à ma droite ; j'ai sous moi trois costumes, et je sens, à ma gauche, des objets plus résistants que je crois reconnaître pour des paires de petites bottes. Mon Dieu, qu'on est donc bien, dans tous ces chiffons musqués !

Où pouvons-nous aller comme ça ? Nous arrêterons-nous en Bourgogne ? Ferons-nous un détour vers la Suisse, ou descendrons-nous jusqu'à Marseille ? Je rêve que nous allons jusqu'au trou de rochers, vous savez, celui où l'on se déshabille comme dans une cabine et où les vagues viennent vous chercher. Elle se baignera. On est à cent lieues des imbéciles. Au fond, le golfe s'arrondit, avec l'immense bleuissement de la Méditerranée. Il y a trois pins, en haut, au bord du trou. Et, pieds nus, sur les larges plaques de pierre jaune qui

12

daillent la mer, nous arracherons des arapèdes, du bout de nos couteaux. Elle n'a pas l'air pimbêche. Elle aimera le grand air, et nous ferons les gamins. Si elle ne sait pas nager, je lui apprendrai.

La malle est rudement secouée. Nous devons monter la rue de Lyon. Et que ce sera délicieux lorsque, arrivée à Marseille, elle ouvrira sa malle! Elle sera bien surprise de me trouver là, dans le coin, à gauche. Pourvu que je ne lui chiffonne pas trop tous ces volants sur lesquels je suis couché!

— « Comment, monsieur, vous êtes-là, vous avez osé! — Mais certainement, madame; on ose tout pour sortir de prison... » Et je lui expliquerai, et elle me pardonnera.

Ah! nous voilà arrivés à la gare. Je crois qu'on m'enregistre...

~~~~~~

Hélas! hélas! il pleut, et la dame au chapeau rose s'en va toute seule par la pluie, avec sa grande malle, bâiller chez quelque vieille tante de province, où elle grelottera, dans la mauvaise humeur du printemps frileux.

II

Il faut avoir vécu dans une ville dévote et aris-
tocratique, une de ces petites villes où l'herbe
pousse et où les cloches des couvents sonnent les
heures dans l'air endormi, pour savoir ce que sont
encore les processions de la Fête-Dieu.

A Paris, quatre prêtres font le tour de la Madeleine. En Provence, pendant huit jours, la rue
appartient au clergé. Tout le moyen âge ressuscite
par les claires après-midi, et s'en va, chantant des
cantiques, promenant des cierges, avec deux gendarmes en tête, et le maire, sanglé de son écharpe,
à la queue.

Je me souviens. C'étaient des jours de joie pour
nous collégiens, qui ne demandions pas mieux
que de courir les rues. S'il faut tout dire, dans

ces villes amoureuses, les processions font les affaires des amants. Tout le long du cortége, les filles
montrent leurs robes neuves. La robe neuve est
de rigueur. Il n'est pas si pauvre demoiselle qui,
ces jours-là, n'étrenne quelque indienne. Et le
soir, les églises sont noires, bien des mains se ren-
contrent.

J'appartenais à une société musicale qui était
de toutes les solennités. J'ai de gros péchés sur la
conscience. Je m'accuse d'avoir, à cette époque,
donné l'aubade à plus d'un fonctionnaire revenant
de Paris avec le ruban rouge. Je m'accuse d'avoir
promené le bon Dieu officiel, les Saints qui font
pleuvoir, les saintes Vierges qui guérissent du
choléra. J'ai même aidé au déménagement d'un
couvent de nonnes cloîtrées. Les pauvres filles, en-
veloppées dans de larges toiles grises, pour qu'on
ne pût rien voir de leur visage ni de leurs membres, trébuchaient, se soutenaient, comme des
fantômes de trépassées surpris par l'aube. Et
des petites mains blanches, des mains d'enfant,
passaient, au bord des toiles grises.

Hélas ! oui, j'ai mangé les collations des sacris-
ties. On ne nous payait pas, on nous offrait quelques gâteaux. Je me rappelle que, le jour des re-
cluses, arrivés au nouveau couvent, nous fûmes

servis au moyen d'un tour. Les bouteilles, les assiettes de petits fours, se succédaient dans le mur,
comme par enchantement. Et quelles bouteilles,
grands dieux! des bouteilles de toutes formes, de
toutes couleurs, de toutes liqueurs. J'ai souvent
rêvé à l'étrange cave qui avait pu fournir une si
curieuse variété de vins fins. C'était la confusion
dans la douceur.

Depuis ces jours d'erreur, j'ai longuement fait
pénitence, et je crois être pardonné.

———

Dès le matin, on pavoise les rues que doit suivre
la procession. Chaque fenêtre a son lambeau. Dans
les quartiers riches, ce sont de vieilles tapisseries
à grands personnages mythologiques, tout l'O-
lympe païen, nu et blafard, venant regarder passer
l'Olympe catholique, les vierges blanches, les
christs saignants; ce sont encore des courtes-pointes
de soie prises au lit de quelque marquise, des rideaux de damas décrochés des tringles du salon,
des tapis de velours, toutes sortes d'étoffes riches
qui émerveillent les passants. Les bourgeois mettent leurs mousselines brodées, leurs toiles les
plus fines. Et, dans les quartiers pauvres, les bonnes

femmes, plutôt que de ne rien étaler, pendent leurs fichus, des foulards qu'elles ont cousus ensemble. Alors, les rues sont dignes du bon Dieu.

On a balayé. Dans certains coins, on a dressé des reposoirs. Ces reposoirs sont le sujet de grandes jalousies, de haines qui durent de longs mois. Si le reposoir du quartier des Chartreux est plus beau que celui du quartier Saint-Marc, cela suffit pour faire blanchir les cheveux des dévotes. Tout le quartier contribue au reposoir. Tel a apporté les flambeaux, tel les vases dorés, tel les fleurs, tel les dentelles. C'est un pied-à-terre que le quartier offre au ciel.

Cependant, le long des minces trottoirs, on a aligné deux rangs de chaises. Les curieux attendent, très-tapageurs, riant de ce rire provençal qui a des sonneries de clairon. Les fenêtres se garnissent. La grande chaleur tombe. Et, dans les souffles légers qui se lèvent, passent au loin des volées de cloches, des roulements de tambours.

C'est la procession qui sort de l'église.

En avant marchent tous les beaux jeunes gens de la ville. C'est une promenade réglementaire.

Ils viennent là pour voir et pour être vus. Les filles sont sur les portes. Il y a de discrets saluts, des sourires, des paroles chuchotées entre camarades. Les jeunes gens font ainsi le tour de la ville, entre les deux rangées de croisées pavoisées, uniquement pour passer devant une certaine fenêtre. Ils lèvent la tête, et c'est tout. L'après-midi est douce ; les cloches sonnent ; des enfants jettent, dans les ruisseaux et sur les pavés, des poignées de fleurs de genêts et des poignées de roses effeuillées.

La rue est rose ; les fleurs de genêts font, sur ce carmin pâle, des nappes d'or. Et ce sont d'abord les deux gendarmes qui se montrent. Puis, vient la file des enfants assistés, des pensionnats, des confréries, des vieilles dames, des vieux messieurs. Un christ se balance au bout des bras d'un bedeau. Un moine trapu porte un emblème compliqué où sont représentés tous les instruments de la Passion. Quatre grosses gaillardes, dont la santé fait crever les robes blanches, soutiennent avec des rubans une immense bannière, où dort innocemment un petit mouton. Puis, au-dessus des têtes, dans la lueur des cierges que le plein jour effare, des encensoirs d'argent montent, jetant un éclair, laissant un flot de fumée épaisse, dont la blancheur roule un instant, comme un lambeau envolé de toutes ces robes de mousseline qui se suivent.

La procession va lentement. C'est un piétinement sourd, qui laisse entendre le bruit étouffé des voix. Un éclat de cymbale retentit, des cuivres sonnent. Puis, ce sont des voix aiguës qui se perdent, minces et frêles, dans le grand air. Des balbutiements de lèvres passent. Et, brusquement, de grands silences se font. Ce n'est plus qu'un glissement discret, une chapelle ardente perdue en plein soleil. Au loin, les tambours battent une marche.

Je me souviens des pénitents. Il y en a encore de toutes les couleurs, les blancs, les gris, les bleus. Ces derniers se sont donné la rude mission d'enterrer les suppliciés. Ils comptent parmi eux les plus illustres noms de la ville. Vêtus d'une robe de serge bleue, coiffés d'une cagoule à bonnet pointu, à long voile percé de deux trous pour les yeux, ils sont vraiment farouches. Les trous sont souvent trop espacés, les yeux louchent sous ce masque terrifiant. Au bord de la robe, passent des pantalons gris perle et des bottines vernies.

Les pénitents sont la grande curiosité. Une procession sans pénitents est un pauvre régal. Et, enfin, vient le clergé. Parfois, des petits enfants portent des palmes, des épis de blé sur des coussins, des couronnes, des pièces d'orfévrerie. Mais les dévotes retournent leurs chaises, s'agenouillent, regardent en dessous. C'est le dais qui approche. Il est monumental, tendu de velours rouge, surmonté de panaches, échafaudé sur des bâtons dorés. J'ai vu des sous-préfets porter cette litière immense, dans laquelle la religion malade se fait promener au soleil de juin. Une bande d'enfants de chœur marchent à reculons, les encensoirs balancés à toute volée. On n'entend que la psalmodie des prêtres et le bruit argentin des chaînes des encensoirs, à chaque secousse.

C'est le catholicisme écloppé qui se traîne sous le ciel bleu des vieilles croyances. Le soleil se couche ; des lueurs roses s'éteignent sur les toits ; une grande douceur tombe avec le crépuscule ; et, dans cet air limpide du Midi, la procession s'en va avec des voix mourantes, effacement mélancolique de tout un âge qui descend dans la terre.

Les autorités suivent en costume, les tribunaux,

les Facultés, sans compter les marguilliers, avec
des lanternes sculptées et dorées. Et la vision dis-
paraît. Les roses effeuillées, les genêts d'or sont
meurtris. Il ne monte plus des pavés que l'odeur
âcre de toutes ces fleurs fanées.

~~~~~~~~

Parfois, la nuit surprend la procession, à l'heure
où elle rentre par les rues tortueuses du vieux
quartier. Les robes blanches ne sont plus que des
pâleurs vagues; les pénitents se perdent en file
sombre, le long des trottoirs; les petites flammes
des cierges mettent, dans l'étranglement noir des
maisons, des follets dansants, des étoiles filant
avec lenteur. Et les voix ont comme un frisson de
peur, au milieu de ces croix, de ces bannières, de
ce dais, dont on distingue à peine les bras morts
dans les ténèbres.

C'est l'heure où les galopins embrassent les
jeunes coquines. L'orgue gronde au fond de l'é-
glise, le bon Dieu est rentré chez lui. Alors, les
filles s'en vont avec un baiser sur le cou et un
billet doux dans la poche.

III

Quand je passe sur les ponts, par ces soirées ardentes, la Seine m'appelle avec des grondements d'amitié. Elle coule, large, fraîche, pleine de lenteurs amoureuses, s'offrant, s'attardant entre les quais. L'eau a des froissements de jupes moirées. C'est une amante souple, dans laquelle on a des désirs irrésistibles de « piquer une tête. »

Les propriétaires de bains flottants qui regardaient avec consternation tomber les continuelles pluies de mai, suent avec béatitude sous les lourds soleils de juin. Enfin, l'eau est bonne. Dès six heures du matin, c'est un encombrement. Les caleçons n'ont par le temps de sécher, et les peignoirs manquent, vers le soir.

Je me souviens de ma première visite à un de

ces bains, à une de ces grandes cuves de bois, dans
lesquelles les baigneurs tournent comme des pail-
les dansant au fond d'une casserole d'eau bouillante.

J'arrivais d'une petite ville, d'une petite rivière
où j'avais barbotté en toute liberté, et je fus cons-
terné de cette auge, où l'eau prenait des couleurs
de suie. Vers six heures du soir, le grouillement
est tel, qu'il faut calculer son élan pour ne pas
s'asseoir sur un dos ou s'enfoncer dans un ventre.
L'eau écume, les blancheurs des corps l'emplissent d'un reflet blafard, tandis que les bouts de
toile, pendues à des cordes en guise de plafond,
laissent tomber une clarté louche.

Le tapage est effroyable. Par moment, sous des
élans brusques, l'eau a des rejaillissements, qui
roulent avec des bruits lointains de canon. Des
mains de farceurs battent la rivière du tic-tac des
moulins ; et il y en a qui s'apprennent à tomber à
la renverse, de façon à faire le plus de vacarme
possible et à inonder l'établissement. Mais ce n'est
rien encore auprès des cris intolérables, de ce gla-
pissement de voix qui rappelle les pensionnats en
récréation. L'homme redevient enfant, dans l'eau
pure. Les promeneurs graves qui suivent les quais,
jettent un regard effaré sur ces toiles volantes,

entre lesquelles ils voient gambader de grands
diables nus. Les dames passent plus vite.

~~~~~~~

J'ai goûté pourtant là de bonnes heures, de très-
grand matin, quand la ville dort encore. Ce n'est
plus le pullulement d'épaules maigres, de têtes
chauves, de ventres énormes de l'après-midi. Le
bain est presque désert. Quelques jeunes gens y
nagent en baigneurs convaincus. L'eau est plus
fraîche, après le sommeil de la nuit. Elle est plus
pure, plus vierge.

Il faut y aller avant cinq heures. La ville a un
réveil tiède. Rien n'est délicieux comme de suivre
les quais, en regardant l'eau, de ce regard de
convoitise des amants. Elle va être à vous. Dans le
bain, l'eau dort. C'est vous qui la réveillez. Vous
pouvez la prendre entre vos bras, en silence. Vous
sentez le courant s'en aller tout du long de votre
chair, de la nuque aux talons, avec une caresse
fuyante.

Le soleil levant met des bandes roses sur les linges qui pavoisent le plafond. Puis, un frisson court
sur la peau avec les baisers plus vifs de la rivière,
et il fait bon alors s'envelopper d'un peignoir et

marcher sous les galeries. Vous êtes à Athènes,
les pieds nus, le cou libre, avec une simple robe
roulée à la taille. Les culottes, le gilet, et la redin-
gote, et les bottes, et le chapeau, sont loin. Votre
nudité s'égaye à l'aise, dans ce lambeau d'étoffe. Le
rêve va jusqu'au printemps de la Grèce, au bord du
bleu éternel de l'Archipel.

Mais dès que la bande des baigneurs arrive, il
faut fuir. Ils apportent la chaleur des pavés à leurs
talons. La rivière n'est plus la vierge du petit jour ;
elle est la fille de midi qui se donne à tous, qui est
toute meurtrie, toute chaude des embrassements
de la foule.

Et quelles laideurs! Les dames font bien de
hâter le pas, sur les quais. Le musée des antiques,
chargé par un artiste farceur, n'arriverait pas à ce
haut point de comique navrant.

C'est une terrible épreuve pour un homme moderne, pour un Parisien, que de se mettre nu. Les
gens prudents ne vont jamais aux bains froids. On
m'y a montré, un jour, un conseiller d'État, si
piteux avec ses épaules pointues et son pauvre
ventre plat, que toutes les fois que j'ai rencontré

son nom dans quelque grave affaire, je n'ai pu retenir un sourire.

Il y a les gros, il y a les maigres, et les grands, et les courts, ceux qui se ballonnent sur l'eau comme des vessies, ceux qui s'enfoncent et qui semblent se fondre comme des bâtons de sucre d'orge. Les chairs tombent, les os s'accusent, les têtes entrent dans les épaules ou se perchent sur des cous de poulets plumés, les bras ont des longueurs de pattes, les jambes se ramassent pareilles à des membres tordus de canard. Il y en a tout en derrière, d'autres tout en ventre, et il y en a qui n'ont ni ventre ni derrière. Galerie grotesque et lamentable, qui arrête l'éclat de rire dans la pitié.

Le pis est que ces pauvres corps gardent l'orgueil de leur habit noir et du porte-monnaie qu'ils ont laissé au vestiaire. Les uns se drapent, ramènent les coins de leur peignoir, avec des cambrures de propriétaires ayant pignon sur rue. D'autres marchent dans leur nudité extravagante avec la dignité de chefs de bureaux traversant leur peuple d'employés. Les plus jeunes font des grâces, comme s'ils se croyaient en veston, dans les coulisses de quelque petit théâtre ; les plus vieux oublient qu'ils ont retiré leur corset et qu'ils ne sont point au coin du feu, chez la belle comtesse de B...

J'ai vu, pendant toute une saison, aux bains du Pont-Royal, un gros homme, rond comme une tonne, rouge comme une tomate mûre, qui jouait les Alcibiade. Il avait étudié les plis de son peignoir devant quelque tableau de David. Il était à l'Agora ; il fumait avec des gestes antiques. Quand il daignait se jeter dans la Seine, c'était Léandre traversant l'Hellespont pour rejoindre Héro. Le pauvre homme ! Je me souviens encore de son torse court où l'eau mettait des plaques violettes. O laideur humaine !

———

Non, je préfère encore ma petite rivière. Nous ne mettions pas même de caleçons. A quoi bon ! les martins-pêcheurs et les bergeronnettes ne rougissaient seulement pas. Et nous choisissions les trous, « les goures, » comme on dit dans le Midi.

On traversait la rivière à pied sec, en sautant sur les grosses pierres ; mais les trous étaient tragiques. Certains de ces trous, chaque année, dévoraient deux ou trois enfants. Il y avait des

légendes atroces, avec des poteaux pleins de me-
naces dont nous ne nous inquiétions guère. Nous
les prenions pour cibles, et il ne restait souvent
qu'un bout de planche tenu par un clou, que le
vent balançait.

Le soir, l'eau était brûlante. Les grands soleils
chauffaient l'eau des trous, au point qu'il fallait la
laisser refroidir, dans les premières fraîcheurs du
crépuscule. Nous restions nus sur le sable, pendant des heures, luttant, jetant des pierres aux
poteaux, prenant des grenouilles avec les mains,
dans la vase. La nuit tombait, un immense soupir,
un soupir de soulagement passait sur les arbres.

Alors, c'était des baignades sans fin. Quand nous
étions las, nous nous couchions dans l'eau, sur le
bord, à un endroit peu profond, la tête sur quelque touffe d'herbe. Et nous demeurions là, avec
le continuel glissement de la rivière sur notre
peau, nos jambes flottant, comme emportées à la
dérive. C'était l'heure où les pions étaient sévère-
ment jugés et où les devoirs du lendemain s'en
allaient dans la fumée des premières pipes.

Bonne rivière où j'ai appris à faire la planche,
eau tiède où les petits poissons blancs cuisaient,
je t'aime encore comme une maîtresse enfantine.
Tu nous as pris un camarade, un soir, dans un de

13

ces trous dont nous nous moquions, et c'est peut-
être cette tache de sang sur ta robe verte qui a
laissé en moi des frissons de désir pour ton maigre filet d'eau. Il y a des sanglots, dans ton babil
d'innocente.

IV

Je ne connais qu'une chasse, une chasse dont
les Parisiens ignorent les charmes tranquilles.
Ici, dans les champs, il y a des lièvres et des perdrix; on ne tire pas sa poudre aux moineaux, on
dédaigne les alouettes, réservant son coup de feu
aux seules grosses pièces. En Provence, lièvres et
perdrix sont rares ; les chasseurs s'attardent aux
fauvettes, à tous les petits oiseaux des buissons.
Quand ils ont tué leur douzaine de becfigues, ils
rentrent très-fiers au logis.

J'ai souvent couru les terres labourées, pendant
des journées entières, pour rapporter trois ou
quatre culs-blancs. J'enfonçais jusqu'aux chevilles
dans le sol mouvant comme un sable fin. Le soir,
quand je ne pouvais plus me tenir sur les jambes,
je rentrais, ravi.

Si, par miracle, un lièvre passait entre mes
jambes, je le regardais courir avec un saint éton-

nement, tant j'étais peu habitué à rencontrer de si
grosses bêtes. Je me souviens qu'un matin un vol
de perdrix se leva devant moi; je restai si aba-
sourdi par ce grand bruit d'ailes, que je lâchai
au hasard un coup de feu qui alla cribler un po-
teau télégraphique.

D'ailleurs, je confesse avoir toujours été un ti-
reur détestable. Si j'ai tué pas mal de pierrots
dans ma vie, je n'ai jamais pu abattre une hirondelle.

⁓⁓⁓⁓

C'est sans doute pour cela que je préférais la
chasse au poste.

Imaginez une sorte de petite construction ronde,
enfoncée dans la terre, s'élevant à peine d'un
mètre au-dessus du sol. Cette cabane, faite de
pierres sèches, est recouverte de tuiles qu'on dis-
simule le plus possible sous des bouts de lierre.
On dirait un débris de tourelle rasée près des fon-
dations et perdue dans l'herbe.

A l'intérieur, l'étroite pièce prend jour par des
meurtrières, que ferment des vitres mobiles. Le
plus souvent, le réduit a une cheminée et des armoires; j'ai même connu un poste qui avait un

divan. Autour du poste sont plantés des arbres
morts, des cimeaux, comme on les nomme, au
pied desquels on accroche les appeaux, les oiseaux
prisonniers chargés d'appeler les oiseaux libres.

La tactique est simple. Le chasseur, tranquillement enfermé, attend en fumant sa pipe. Il surveille les cimeaux par les meurtrières. Puis, quand
un oiseau se pose sur quelque branche sèche, il
prend son fusil méthodiquement, en appuie le
canon sur le bord d'une meurtrière et foudroie la
malheureuse bête presque à bout portant.

Les Provençaux ne chassent pas autrement aux
oiseaux de passage, aux ortolans en août, aux
grives en novembre.

Je partais à trois heures du matin, par de gla-
ciales matinées de novembre. J'avais une lieue à
faire dans la nuit, chargé comme un mulet ; car il
faut porter les appeaux, et je vous assure qu'une
trentaine de cages ne se transportent pas facile-
ment, dans un pays de collines, par des sentiers à
peine frayés. On pose les cages sur de longs cadres
de bois, où des ficelles les tiennent et les serrent
les unes contre les autres.

Quand j'arrivais, il faisait noir encore, le plateau s'étendait, profond, farouche, pareil à une mer d'ombre, avec ses broussailles grises, à l'infini. J'entendais tout autour de moi, dans les ténèbres, ce remous des pins, cette grande voix confuse qui ressemble aux lamentations des vagues. J'avais alors quinze ans, et je n'étais pas toujours très-rassuré. C'était déjà une émotion, un plaisir âcre.

Mais il fallait se dépêcher. Les grives sont matinales. J'accrochais mes cages, je m'enfermais dans le poste. Il était trop tôt encore, je ne distinguais pas les branches des cimeaux. Et pourtant j'entendais sur ma tête le sifflement rude des grives. Ces gueuses-là voyagent la nuit. J'allumais du feu en grondant, je me hâtais d'obtenir un grand brasier, qui luisait rose sur la cendre. Dès que la chasse a commencé, il ne faut plus que le moindre filet de fumée sorte du poste. Cela pourrait effaroucher le gibier. J'attendais le jour, en faisant griller des côtelettes sur la braise.

Et j'allais de meurtrière en meurtrière, épiant la première lueur pâle. Rien encore; les cimeaux dressaient leurs bras désolés, vaguement. J'avais déjà de mauvais yeux, je craignais de lâcher un coup de fusil sur un bout de branche noirci, comme cela m'arrivait quelquefois. Je ne me fiais pas seulement à ma vue, j'écoutais. Dans le silence, frissonnaient mille bruits, ces chuchotements, ces soupirs profonds de la terre à son réveil. La clameur des pins grandissait, et il me semblait par moments qu'un vol innombrable de grives allait s'abattre sur le poste, en sifflant furieusement.

<hr />

Mais les nuées devenaient laiteuses. Sur le ciel clair, les cimeaux se détachaient en noir, avec une singulière netteté. Alors, toutes mes facultés se tendaient, je restais plié d'anxiété.

Quel coup dans l'estomac, lorsque, brusquement, j'apercevais la longue silhouette d'une grive sur un cimeau ! La grive s'allonge, fait la belle au premier rayon, reste droite, les yeux au soleil, dans le bain matinal de lumière. Je prenais mon fusil avec des précautions infinies, pour ne point heurter le canon ou la crosse. Je tirais, l'oiseau tombait. Je n'allais pas le ramasser, cela aurait pu éloigner d'autres victimes.

Et je reprenais mon attente, secoué par cette émotion du joueur qui a eu un coup heureux, et qui ne sait ce que lui garde la chance. Tout le plaisir d'une pareille chasse consiste dans l'imprévu, dans la bonne volonté que le gibier met à venir se faire tuer. Une autre grive se posera-t-elle sur un des cimeaux ? Question troublante. Je n'étais pas difficile, d'ailleurs : quand les grives ne venaient pas, je tuais des pinsons.

~~~~~~~~

Je revois aujourd'hui le petit poste, au bord du grand plateau désert. Il vient des collines une senteur fraîche de thym et de lavande. Les appeaux sifflent doucement dans le grand remous des pins. Le soleil montre à l'horizon une mèche de ses cheveux flambants, et il y a là, sur un cimeau, dans la clarté blanche, une grive immobile.

Allez courir les lièvres, et ne riez pas, car vous feriez envoler ma grive.

V

J'ai deux chattes. L'une, Françoise, est blanche comme une matinée de mai. L'autre, Catherine, est noire comme une nuit d'orage.

Françoise a la tête ronde et rieuse d'une fille d'Europe. Ses grands yeux, d'un vert pâle, tiennent tout son visage. Son nez et ses lèvres roses sont enduits de carmin. On la dirait peinte comme une vierge folle de son corps. Elle est grasse, potelée, Parisienne jusqu'au bout des griffes. Elle s'affiche en marchant, prenant des airs engageants, retroussant la queue avec le frémissement brusque d'une petite dame qui relève la traîne de sa robe.

Catherine a la tête pointue et fine d'une déesse égyptienne. Ses yeux, jaunes comme des lunes d'or, ont la fixité, la dureté impénétrable des prunelles d'une idole barbare. Aux coins de ses lèvres minces, rit l'éternelle ironie silencieuse des sphinx. Quand elle s'accroupit sur ses pattes de derrière, la tête haute et immobile, elle est une divinité de marbre noir, la grande Pacht hiératique des temples de Thèbes.

~~~~~~~

Elles passent toutes deux leurs journées sur le sable jaune du jardin.

Françoise se vautre, le ventre en l'air, toute à sa toilette, se léchant les pattes avec le soin délicat d'une coquette qui se blanchirait les mains dans de l'huile d'amande douce. Elle n'a pas trois idées dans la tête. Cela se devine, à son air fou de grande mondaine.

Catherine songe. Elle songe, regardant sans voir, pénétrant du regard dans le monde inconnu des dieux. Pendant des heures, elle demeure droite, implacable, souriant de son étrange sourire de bête sacrée.

~~~~~~~

Quand je caresse Françoise de la main, elle arrondit le dos, en poussant un miaulement léger de béatitude. Elle est si heureuse qu'on s'occupe d'elle! Elle lève la tête, d'un mouvement câlin, me rendant ma caresse en frottant son nez contre ma joue. Ses poils frémissent, sa queue a de lentes ondulations. Et elle finit par se pâmer, les yeux clos, ronronnant d'une façon douce.

Quand je veux caresser Catherine, elle évite ma main. Elle préfère vivre solitaire, au fond de son rêve religieux. Elle a une pudeur de déesse qu'irrite et blesse tout contact humain. Si je parviens à la prendre sur mes genoux, elle s'aplatit, la tête allongée, les yeux fixes, prête à s'échapper d'un bond. Ses membres nerveux, son corps maigre reste inerte sous mes doigts qui la flattent. Elle ne daigne point descendre à la joie d'amour d'une mortelle.

Et c'est ainsi que Françoise est une fille de Paris, lorette ou marquise, créature légère et charmante qui se vendrait pour un compliment sur sa robe blanche ; c'est ainsi que Catherine est une fille de quelque cité en ruines, je ne sais où, là-bas, du côté du soleil. Elles sont de deux civilisations, poupée moderne, idole d'une nation morte.

Ah ! si je pouvais lire dans leurs yeux ! Je les prends dans mes bras, je les regarde fixement,

pour qu'elles me content leur secret. Elles ne
baissent pas les paupières, et ce sont elles qui
m'étudient. Je ne lis rien dans la transparence
vitreuse de ces yeux qui s'ouvrent comme des trous
sans fond, comme des puits de clarté pâle où nagent des étincelles ardentes.

Et Françoise ronronne plus tendrement, tandis
que les regards jaunes de Catherine me pénètrent
comme des tiges de laiton.

———

Dernièrement, Françoise est devenue mère. Cette
écervelée a un excellent cœur. Elle soigne avec
des tendresses exquises le petit qu'on lui a laissé.
Elle le prend délicatement par la peau du cou,
pour le promener dans toutes les armoires de la
maison.

Catherine la regarde faire, perdue dans de profondes réflexions. Le petit l'intéresse. Elle a, en
face de lui, des attitudes de philosophe ancien
songeant à la vie et à la mort des créatures, bâtis-
sant dans le rêve tout un système de philosophie.

Hier, pendant que la mère était sortie, elle est
venue s'accroupir à côté de l'enfant. Elle l'a senti,
l'a retourné avec la patte. Puis, brusquement, elle

l'a emporté dans un coin obscur. Là, se croyant
bien cachée, elle s'est posée devant le petit, avec
les yeux luisants, l'échine frémissante d'une prê-
tresse s'apprêtant pour un sacrifice. Elle allait, je
crois, broyer d'un coup de dents la tête de la vic-
time, lorsque je me suis hâté d'intervenir et de la
chasser. Elle m'a jeté, en s'enfuyant, des regards
diaboliques, souple, silencieuse, sans un jure-
ment.

Eh bien ! j'aime toujours Catherine ; je l'aime
parce qu'elle est perfide et cruelle, comme une
bête de l'enfer. Que m'importent les grâces légères
de Françoise, ses moues délicieuses, ses allures de
vierge folle ! Toutes nos filles d'Ève ont sa blancheur ronronnante. Mais je n'ai pu encore trouver
une sœur à Catherine, une créature perverse et
froide, une idole noire qui vive dans le songe éternel du mal.

IV

Les rosiers, dans les cimetières, épanouissent des fleurs larges, d'une blancheur de lait, d'un rouge sombre. Les racines vont, au fond des bières, prendre la pâleur des poitrines virginales, l'éclat sanglant des cœurs meurtris. Cette rose blanche, c'est la floraison d'une enfant morte à seize ans ; cette rose rouge, c'est la dernière goutte de sang d'un homme tombé dans la lutte.

O fleurs éclatantes, fleurs vivantes, où il y a un peu de nos morts !

A la campagne, les pruniers et les abricotiers poussent gaillardement derrière l'église, le long des murs croulants du petit cimetière. Le grand soleil dore les fruits, le grand air leur donne une saveur exquise. Et la gouvernante du curé fait des

confitures qui sont renommées à plus de dix lieues
à la ronde. J'en ai mangé. On dirait, selon l'heureuse expression des paysans, qu'on avale « la cu-
lotte de velours du bon Dieu. »

Je connais un de ces cimetières étroits de village
où il y a des groseilliers superbes, hauts comme
des arbres. Les groseilles, rouges sous les feuilles
vertes, ressemblent à des grappes de cerises. Et
j'ai vu le bedeau venir, le matin, avec une miche
de pain sous le bras, et déjeuner tranquillement,
assis sur le coin d'une vieille pierre tombale. Une
bande de moineaux l'entouraient. Il cueillait les
groseilles, il jetait des mies de pain aux moineaux ;
out ce petit monde-là mangeait avec un grand
appétit sur la tête des morts.

C'est une fête pour le cimetière. L'herbe pousse,
drue et forte. Dans un coin, des touffes de coquelicots mettent une nappe rouge. L'air vient largement de la plaine, soufflant toutes les bonnes
odeurs des foins coupés. A midi, les abeilles bour-
donnent dans le soleil ; les petits lézards gris se
pâment, la gueule ouverte, buvant la chaleur, au
bord de leur trou. Les morts ont chaud ; et ce n'est
plus un cimetière, c'est un coin de la vie universelle, où l'âme des morts passe dans le tronc des
arbres, où il n'y a plus qu'un vaste baiser de ce

qui était hier et de ce qui sera demain. Les fleurs, ce sont les sourires des filles ; les fruits, ce sont les besognes des hommes.

Là, il n'y a pas crime à cueillir les bleuets et les coquelicots. Les enfants viennent faire des bouquets. Le curé ne se fâche que quand ils montent dans les pruniers. Les pruniers sont au curé, mais les fleurs sont à tout le monde. Parfois, on est obligé de faucher le cimetière ; l'herbe est si haute, que les croix de bois noir sont noyées ; alors, c'est la jument du curé qui mange le foin. Le village n'y entend pas malice, et pas un des paroissiens ne songe à accuser la jument de mordre à l'âme des morts.

Mathurine avait planté un rosier sur la tombe de son promis, et tous les dimanches, en mai, Mathurine allait cueillir une rose qu'elle mettait à son fichu. Elle passait le dimanche dans le parfum de son amour disparu. Quand elle baissait les yeux sur son fichu, il lui semblait que son promis lui souriait.

J'aime les cimetières, quand le ciel est bleu. J'y vais tête nue, oubliant mes haines, comme dans une ville sainte où l'on est tout amour et tout pardon.

Un de ces derniers matins, je suis allé au Père-Lachaise. Le cimetière, sur la limpidité bleue de l'horizon, étageait ses rangs de tombes blanches. Des masses d'arbres montaient sur la hauteur, laissant voir, sous la dentelle encore tendre de leurs feuilles, les coins éclatants des grands tombeaux. Le printemps est doux pour les champs déserts où reposent nos morts bien-aimés; il sème de gazon les molles allées que suivent à pas lents les jeunes veuves; il blanchit les marbres d'une gaieté enfantine et claire. De loin, le cimetière ressemblait à un énorme bouquet de verdure, piqué çà et là d'une touffe d'aubépine. Les tombeaux sont comme les fleurs virginales des herbes et des feuillages

J'ai suivi lentement les allées. Quel silence frissonnant, quelles senteurs pénétrantes, quels souffles tièdes, venus on ne sait d'où, comme des haleines caressantes de femmes qu'on ne voit pas! On sent que tout un peuple dort dans cette terre émue et douloureuse sous le pied du promeneur.

Il s'échapppe de chaque arbuste des massifs, de chaque fente des dalles, une respiration régulière et douce comme celle d'un enfant, qui se traîne au ras du sol, avec toute la paix du dernier sommeil.

Des hivers nouveaux ont passé sur le marbre de Musset. Je l'ai retrouvé plus pâle, plus attendri. Les dernières pluies lui ont mis une robe neuve. Un rayon, tombant d'un arbre voisin, éclairait d'une clarté vivante le profil fin et nerveux du poëte. Ce médaillon, avec son éternel sourire, a une grâce qui attriste.

D'où vient donc l'étrange puissance de Musset sur ma génération ? Il est peu de jeunes hommes qui, après l'avoir lu, n'ait gardé au cœur une douceur éternelle. Et pourtant Musset ne nous a appris ni à vivre ni à mourir ; il est tombé à chaque pas ; il n'a pu, dans son agonie, que se relever sur les genoux, pour pleurer comme un enfant. N'importe, nous l'aimons ; nous l'aimons d'amour, ainsi qu'une maîtresse qui nous féconderait le cœur en le meurtrissant.

C'est qu'il a jeté le cri de désespérance du siècle ; c'est qu'il a été le plus jeune et le plus saignant de nous.

Le saule que des mains pieuses ont planté devant son tombeau, est toujours languissant. Jamais ce saule, à l'ombre duquel il a voulu dormir, n'a poussé, vigoureux et libre, dans la force de sa séve. Son feuillage jeune pend tristement, ses tiges retombent comme des larmes lourdes et lasses. Peut-être ses racines vont-elles boire, dans le cœur du mort, toutes les amertumes d'une vie gaspillée.

Longtemps, je suis resté rêveur. Là-bas, Paris grondait. Ici, un cri d'oiseau, le susurrement d'un insecte, le craquement subit d'une branche. Puis, des silences profonds, dans lesquels l'haleine des tombes s'entendait plus forte. Seul, un habitant du quartier, quelque petit rentier, suivait doucement l'allée, les pieds dans des pantoufles, les mains derrière le dos, en bon bourgeois qui hume les premières tiédeurs de l'air.

Mes souvenirs s'éveillaient. Ils me parlaient de ma jeunesse, de cette époque heureuse où je courais les sentiers de ma chère Provence. Musset était alors mon compagnon. Je l'emportais dans mon carnier ; et, derrière le premier buisson j'oubliais mon fusil sur l'herbe, je lisais le poëte, dans cette ombre chaude du Midi, parfumée de sauge et de lavande.

Je lui dois mes premiers chagrins et mes premières joies. Aujourd'hui encore, dans la passion d'analyse exacte qui m'a pris, lorsqu'il me monte au visage de soudaines bouffées de jeunesse, je songe à ce désespéré, je le remercie de m'avoir enseigné à pleurer.

VII

Mai, le mois des fleurs, le mois des nids! Le soleil sourit discrètement, ce matin, et je veux croire au soleil. Je m'en vais par les rues, dans la blanche matinée, attentif aux seules gaietés des moineaux.

S'il pleut ce soir, que le ciel me pardonne mon chant de joie qui salue le printemps.

~~~~~

Au parc Monceau, ce matin, une jeune femme, une jeune épouse qui allait être mère, était assise devant une pelouse. Elle portait une robe de soie grise. Ses petites mains gantées, les dentelles de sa jupe et de son corsage, la pâleur tendre de son visage, témoignaient de l'élégante et riche oisiveté de sa vie. C'était une heureuse de ce monde.

La jeune dame regardait deux moineaux qui

sautaient gaillardement dans l'herbe, à ses pieds.
A tour de rôle, ils venaient voler un brin de
foin et se sauvaient sur un arbre voisin. Ils bâ-
tissaient leur nid. La femelle prenait délicatement
chaque fétu, le tressait aux autres matériaux déjà
apportés, l'aplatissait sous le poids tiède et frissonnant de sa gorge. C'était un va-et-vient furtif,
une besogne d'amour où la tendresse suppléait à
la force.

L'inconnue vêtue de soie grise, contemplait les
deux amants qui préparaient en toute hâte le berceau. Elle apprenait la science des pauvres gens
qui n'ont que quelques brins de foin et la chaleur
de leurs caresses pour protéger leurs petits contre
les nuits fraîches.

Elle eut un sourire d'une douceur triste, et je
crus lire la rêverie qui passait dans ses yeux son-
geurs.

— « Hélas ! je suis riche, je dois ignorer la joie
de ces oiseaux. Un ébéniste fait en ce moment la
bercelonnette de bois de rose, dans laquelle une
nourrice normande ou picarde bercera mon enfant.
Un métier fabrique quelque part les tissus de laine
et de fil qui réchaufferont ses membres délicats.
Une ouvrière coud la layette. Une sage-femme donnera les premiers soins au nouveau-né. Je ne se

rai qu'à moitié la mère du cher petit; je le mettrai
nu au monde, il ne tiendra pas tout de moi. Et ces
moineaux construisent le berceau, tissent et cou-
sent les étoffes; ils n'ont rien, ils créent tout, par
un miracle d'amour; ils changent en bercelonnette tiède le premier trou de muraille venu. Ce
sont des artisans de tendresse que les jeunes mères
envient. »

Aux champs, les nids poussent naturellement,
dans les haies et sur les arbres, comme des fleurs
vivantes. Ils s'ouvrent, ils s'épanouissent au premier rayon du soleil. Ils laissent échapper des ga-
zouillements, à l'heure où l'aubépine exhale des
parfums.

Les pinsons, les chardonnerets, les bouvreuils,
choisissent les arbustes pour alcôves; les corbeaux
et les pies montent jusqu'aux plus hautes branches
des peupliers; les alouettes, les fauvettes, restent
à terre, dans les blés et dans les broussailles. Il
faut à ces amants, jaloux de leurs tendresses, le
grand silence de la campagne. Je sais bien qu'il
existe des misérables qui violent les nids pour plu-
mer les petits et pour manger les œufs en ome-

lette. Aussi les oiseaux, à chaque saison, se cachent-ils davantage; ils vont au désert.

Seuls, les moineaux et les hirondelles osent confier leurs amours aux murs et aux arbres de Paris. Ils vivent, ils aiment parmi nous. Nous avons bien des serins en cage qui pondent et couvent. Mais quels tristes amoureux! On dirait que nos serins sont mariés devant monsieur le maire. Leur union forcée, gardée sous grille, est bête comme un mariage. Ils ont des petits moroses et pâlots, qui ne donnent jamais les libres coups d'ailes des enfants de l'amour.

Il faut voir les moineaux libres dans les trous des vieux murs, les hirondelles libres au faîte des cheminées. Ceux-là s'aiment, conçoivent en plein ciel; il n'y a parmi eux que des mariages d'inclination.

Les hirondelles font de Paris leur villa d'été. Dès leur arrivée, les voyageuses visitent les berceaux vides qu'elles ont dû abandonner aux premiers froids. Elles réparent la frêle maison, la consolident, la meublent de duvet. Et les poëtes, les amoureux qui passent, l'oreille et le cœur ouverts, entendent, pendant tout l'été, leurs petits cris de tendresse dominant le roulement des fiacres.

Mais le véritable enfant de Paris, le gamin de l'air, est le moineau franc, le pierrot, qui porte la blouse grise du faubourien. Il est populacier, gouailleur, effronté. Son cri semble une moquerie, son battement d'aile un geste railleur ; ses airs de tête ont je ne sais quelle insouciance goguenarde et aggressive.

Il préfère, certes, les allées grises de poussière, les boulevards brûlants, aux frais ombrages de Meudon et de Montmorency. Il se plait dans le tapage des roues, boit au ruisseau, mange du pain, se promène tranquillement sur les trottoirs. Il a quitté les champs où il s'ennuyait en compagnie de bêtes sottes et arriérées, pour venir vivre parmi nous, logeant sous nos tuiles, la nuit s'éclairant au gaz, et le jour faisant ses petites affaires dans nos rues, en promeneur ou en homme pressé.

Le pierrot est un Parisien qui ne paye pas ses contributions. Il est le fifi de la nation ailée, et il a un faible pour le pain d'épices et pour la civilisation moderne.

15.

C'est surtout dans les jardins publics qu'il faut étudier, en mai, les allures lestes et tendres des pierrots. Il y a des gens qui vont au Jardin des Plantes pour se poser devant les grilles et regarder les bêtes enfermées. Si vous visitez un jour la Ménagerie, regardez donc les bêtes libres, les pierrots qui volent en plein soleil.

Les pierrots entourent les grilles d'une chanson triomphante. Il célèbrent haut le grand air. Ils entrent impunément dans les cages, les emplissent de leur liberté, sont l'éternel désespoir des malheureux prisonniers. Ils volent des mies de pain aux singes et aux ours; les singes leur montrent le poing, les ours protestent par un balancement de tête plein d'une dédaigneuse impatience. Eux, ils se sauvent, ils sont la créature libre et gaie, dans cette arche où l'homme essaye d'enfermer la création.

En mai, les pierrots du Jardin des Plantes bâtissent leur nid sous les tuiles des maisons voisines. Ils deviennent plus caressants, ils essayent de voler un brin de laine ou de crin à la fourrure des animaux. Un jour, j'ai vu un grand lion allongeant sa tête puissante sur ses pattes étendues, regardant un pierrot qui sautait gaillardement entre les barreaux de sa cage. Une rêverie douce et poignante fermait à demi les yeux de la bête fauve. Le grand lion songeait aux horizons libres. Il laissa le pierrot lui voler un poil roux de sa patte.

VIII

Je suis allé aux Halles, une de ces dernières nuits. Paris est morne à ces heures matinales. On ne lui a point encore fait un bout de toilette. Il ressemble à quelque vaste salle à manger toute tiède, toute grasse du repas de la veille ; des os traînent, des ordures encombrent la nappe sale des pavés. Les maîtres se sont couchés sans faire desservir ; et, le matin seulement, la servante donne un coup de balai, met du linge propre pour le déjeuner.

Aux Halles, le vacarme est grand. C'est l'office colossal où s'engoufre la nourriture de Paris endormi. Quand il ouvrira les yeux, il aura déjà le ventre plein. Dans les clartés frissonnantes du matin, au milieu du grouillement de la foule, s'entassent des quartiers rouges de viande, des paniers de poissons qui luisent avec des éclairs d'argent, des montagnes de légumes piquant l'ombre de

taches blanches et vertes. C'est un éboulement de
mangeailles, des charrettes vidées sur le pavé, des
caisses éventrées, des sacs ouverts, laissant couler
leur contenu, un flot montant de salades, d'œufs,
de fruits, de volailles, qui menacent de gagner les
rues voisines et d'inonder Paris entier.

J'allais curieusement au milieu de ce tohu-bohu,
lorsque j'ai aperçu des femmes qui fouillaient à
pleines mains dans de larges tas noirâtres, étalés
sur le carreau. Les lueurs des lanternes dansaient,
je distinguais mal, et j'ai cru d'abord que c'était
là des débris de viande qu'on vendait au rabais.

Je me suis approché. Les tas de débris de viande
étaient des tas de roses.

Tout le printemps des rues de Paris traîne sur
ce carreau boueux, parmi les mangeailles des
Halles. Les jours de grande fête, la vente com-
mence à deux heures du matin.

Les jardiniers de la banlieue apportent leurs
fleurs par grosses bottes. Les bottes, suivant la
saison, ont un prix courant, comme les poireaux
et les navets. Cette vente est une œuvre de nuit.
Les revendeuses, les petites marchandes, qui en-

foncent leurs bras jusqu'aux coudes dans des char-
retées de roses, ont l'air de faire un mauvais
coup, de tremper leurs mains au fond de quelque
besogne sanglante.

C'est affaire de toilette. Les bœufs éventrés qui
saignent seront lavés, tatoués de guirlandes, ornés
de fleurs artificielles ; les roses qu'on foule aux
pieds, montées sur des brins d'osier, auront un
parfum discret dans leur collerette de feuilles
vertes.

Je m'étais arrêté devant ces pauvres fleurs ex-
pirantes. Elles étaient humides encore, serrées
brutalement par des liens qui coupaient leurs tiges
délicates. Elles gardaient l'odeur forte des choux
en compagnie desquels elles étaient venues. Et il
y avait des bottes roulées dans le ruisseau qui agonisaient.

J'ai ramassé une de ces bottes. Elle était toute
boueuse d'un côté. On la lavera dans un seau
d'eau, elle retrouvera son parfum doux et tendre.
Un peu de boue, restée tout au fond des pétales,
témoignera seul de sa visite au ruisseau. Les
lèvres qui la baiseront le soir seront peut-être
moins pures qu'elle.

Alors, au milieu de l'abominable tapage des Halles, je me suis souvenu de cette promenade que je fis avec toi, Ninon, il y a quelque dix ans. Le printemps naissait, les jeunes feuillages luisaient au blanc soleil d'avril. Le petit sentier qui suivait la côte était bordé de larges champs de violettes. Quand on passait, on sentait monter autour de soi une odeur douce qui vous pénétrait et alanguissait votre âme.

Tu t'appuyais sur mon bras toute pâmée, comme endormie d'amour par l'odeur douce. La campagne était claire, et il y avait de petites mouches qui volaient dans le soleil. Un grand silence tombait du ciel. Notre baiser fut si discret, qu'il n'effaroucha pas les pinsons des cerisiers en fleurs.

Au détour d'un chemin, dans un champ, nous vîmes des vieilles femmes courbées, qui cueillaient des violettes qu'elles jetaient dans de grands paniers. J'appelai une de ces femmes.

— Vous voulez des violettes ? me demanda-t-elle. Combien ?... une livre ?

Elle vendait ses fleurs à la livre ! Nous nous sauvâmes, désolés tous deux, croyant voir le Printemps ouvrir, dans l'amoureuse campagne, une boutique d'épicerie. Je me glissai le long des haies,

je volai quelques violettes maigres, qui eurent
pour toi un parfum de plus. Mais voilà que dans
le bois, en haut, sur le plateau, il poussait des
violettes, des violettes toutes petites qui avaient
une peur terrible, et qui savaient se cacher sous
les feuilles avec une foule de ruses.

Vite, tu jetas les violettes volées, ces bêtes de
violettes qui poussaient dans de la terre labourée,
et qu'on vendait à la livre. Tu voulais des fleurs
libres, des filles de la rosée et du soleil levant.
Pendant deux grandes heures, je furetai dans
l'herbe. Dès que j'avais trouvé une fleur, je courais te la vendre. Tu me l'achetais un baiser.

⁓⁓⁓⁓

Et je songeais à ces choses lointaines, dans les
odeurs grasses, dans le vacarme assourdissant des
Halles, devant les pauvres fleurs mortes sur le carreau. Je me rappelais mon amoureuse et ce bouquet de violettes séchées que j'ai chez moi, au fond
d'un tiroir. J'ai compté, en rentrant, les brins flétris; il y en a vingt, et j'ai senti sur mes lèvres la
brûlure douce de vingt baisers.

IX

J'ai visité un campement de Bohémiens, établi
en face du poste-caserne de la porte Saint-Ouen.
Ces sauvages doivent bien rire de cette grande bête
de ville qui se dérange pour eux. Il m'a suffi de
suivre la foule ; tout le faubourg se portait autour
de leurs tentes, et j'ai même eu la honte de voir
des gens qui n'avaient pourtant pas l'air tout à fait
d'imbéciles, arriver en voiture découverte, avec
des valets de pied en livrée.

Quand ce pauvre Paris a une curiosité, il ne la
marchande guère. Le cas de ces Bohémiens est
celui-ci. Ils étaient venus pour rétamer les casseroles et poser des pièces aux chaudrons du faubourg. Seulement, dès le premier jour, à voir la
bande de gamins qui les dévisageaient, ils ont
compris à quel genre de ville civilisée ils avaient
affaire. Aussi se sont-ils empressés de lâcher les
chaudrons et les casseroles. Comprenant qu'on les

traitait en ménagerie curieuse, ils ont consenti, avec une bonhomie railleuse, à se montrer pour deux sous. Une palissade entoure le campement ; deux hommes se sont placés à deux ouvertures très-étroites, où ils recueillent les offrandes des messieurs et des dames qui veulent visiter le chenil. C'est une poussée, un écrasement. Et il a même fallu mettre là des sergents de ville. Les Bohémiens tournent parfois la tête pour ne pas s'égayer au nez des braves gens qui s'oublient jusqu'à leur jeter des pièces de monnaie blanche.

Je me les imagine, le soir, comptant la recette, quand le monde n'est plus là. Quelles gorges chaudes! Ils ont traversé la France, dans les rebuffades des paysans et les méfiances des gardes champêtres. Ils arrivent à Paris, avec la crainte qu'on ne les jette au fond de quelque basse fosse. Et ils s'éveillent au milieu de ce rêve doré de tout un peuple de messieurs et de dames en extase devant leurs guenilles. Eux, eux qu'on chasse de ville en ville! Il me semble les voir se dresser sur le talus des fortifications, drapés dans leurs loques, jetant un grand rire de mépris à Paris endormi.

La palissade entoure sept ou huit tentes, ménageant entre elles une sorte de rue. Des chevaux étiques, petits et nerveux, broutent l'herbe roussie, derrière les tentes. Sous des lambeaux de vieilles bâches, on aperçoit les roues basses des voitures.

Au dedans, règne une puanteur insupportable de saleté et de misère. Le sol est déjà battu, émietté, purulent. Sur les pointes des palissades, la literie prend l'air, des paillots, des couvertures déteintes, des matelas carrés où deux familles doivent dormir à l'aise, tout le déballage de quelque hôpital de lépreux séchant au soleil. Dans les tentes, dressées à la mode arabe, très-hautes et s'ouvrant comme les rideaux d'un ciel de lit, des chiffons s'entassent, des selles, des harnais, un bric-à-brac sans nom, des objets qui n'ont plus ni couleur, ni forme, qui dorment là dans une couche de crasse superbe, chaude de ton et faite pour ravir un peintre.

Pourtant, j'ai cru découvrir la cuisine, au bout du campement, dans une tente plus étroite que les autres. Il y avait là quelques marmites de fer et des trépieds ; j'ai même reconnu une assiette. D'ailleurs, pas la moindre apparence de pot-au-feu. Les marmites servent peut-être à préparer la bouillie du sabbat.

Les hommes sont grands, forts, la face ronde, les cheveux très-longs, bouclés, d'un noir lisse et huileux. Ils sont vêtus de toutes les défroques ramassées en chemin. Un d'eux se promenait, drapé dans un rideau de cretonne à grands ramages jaunes. Un autre avait une veste qui devait provenir de quelque habit noir dont on avait arraché la queue. Plusieurs ont des jupons de femme. Ils sourient dans leurs longues barbes, claires et soyeuses. Leurs coiffures de prédilection paraissent être des fonds de vieux chapeaux de feutre, dont ils ont fait des calottes en en coupant les ailes.

Les femmes sont également grandes et fortes. Les vieilles, séchées, hideuses avec leurs maigreurs nues et leurs cheveux dénoués, ressemblent à des sorcières cuites aux feux de l'enfer. Parmi les jeunes, il y en a de très-belles, sous leur couche de crasse, la peau cuivrée, avec de grands yeux noirs d'une douceur exquise. Celles-là font les coquettes ; elles ont les cheveux nattés en deux grosses nattes tombantes, rattachées derrière les oreilles, étranglées de place en place par des bouts de chiffons rouges. Dans leur jupon de couleur, les épaules couvertes d'un châle noué à la ceinture, coiffées d'un mouchoir qui les serre au front, elles

ont un grand air de reines barbares tombées dans
la vermine.

Et les enfants, tout un troupeau d'enfants,
grouillent. J'en ai vu un en chemise, avec un
gilet d'homme immense qui lui battait les mollets;
il tenait un beau cerf-volant bleu. Un autre, un
tout petit, deux ans au plus, allait nu, absolument
nu, très-grave, au milieu des rires bruyants des
filles curieuses du quartier. Et il était si sale, le
cher petit, si vert et si rouge, qu'on l'aurait pris
pour un bronze florentin, une de ces charmantes
figurines de la Renaissance.

Toute la bande reste impassible devant la curiosité bruyante de la foule. Des hommes et des
femmes dorment sous les tentes. Une mère allaite,
le sein nu et noir comme une gourde brunie par
l'usage, un poupon tout jaune, qui a l'air d'être
en cuivre. D'autres femmes, accroupies, regardent
sérieusement ces Parisiens étranges qui furètent
dans la saleté. J'ai demandé à une d'elles ce
qu'elle pensait de nous; elle a souri faiblement,
sans répondre.

Une belle fille d'une vingtaine d'années se pro-

16.

mène au milieu des badauds, tente les dames en
chapeau et en robe de soie, auxquelles elle offre
de dire la bonne aventure. Je l'ai vue opérer. Elle
a pris la main d'une jeune femme, la gardant dans
la sienne, d'une façon caline, si bien que la main
a fini par s'abandonner à elle. Alors, elle a fait entendre qu'il fallait mettre une pièce de monnaie
dans la main ; une pièce de dix sous n'a pas suffi,
elle en a voulu deux, et même elle parlait de cinq
francs. Au bout de quelques secondes, après avoir
promis une longue vie, des enfants, beaucoup de
bonheur, elle a pris les deux pièces de dix sous,
s'en est servie pour faire des signes de croix sur le
bord du chapeau de la jeune femme, et au mot :
Amen, les a fait disparaître dans sa poche, une
poche immense, où j'ai entrevu des poignées de
monnaie blanche.

Il est vrai qu'elle vend un talisman. Elle casse,
entre les dents, un petit morceau d'une matière
rougeâtre, qui ressemble à de l'écorce d'orange séchée ; elle noue ce morceau dans le coin du mouchoir de la personne à laquelle elle vient de dire la
bonne aventure ; puis, elle lui recommande d'a-
jouter au talisman du pain, du sel et du sucre. Cela
doit empêcher toutes les maladies et conjurer le
mauvais esprit.

Et la diablesse fait son métier avec une gravité étonnante. Si on lui reprend une des pièces de monnaie qu'elle a fait mettre dans la main, elle jure que ses bons souhaits se tourneront en des maux effroyables. C'est naïf, mais le geste et l'accent sont excellents.

~~~~~~~

Dans la petite ville provençale où j'ai grandi, les Bohémiens sont tolérés ; mais ils ne soulèvent pas une telle émeute de curiosité. On les accuse de manger les chiens et les chats perdus, ce qui les fait regarder de travers par les bourgeois. Les gens comme il faut tournent la tête, quand ils ont à passer dans leur voisinage.

Ils arrivent avec leur maison roulante, s'installent dans le coin de quelque terrain abandonné des faubourgs. Certains coins, d'un bout de l'année à l'autre, sont habités par des tribus d'enfants déguenillés, d'hommes et de femmes vautrés au soleil. J'y ai vu des créatures belles à ravir. Nous autres galopins, qui n'avions pas les dégoûts des gens comme il faut, nous allions regarder au fond des voitures où ces gens dorment l'hiver. Et je me souviens qu'un jour, ayant sur le

cœur quelque gros chagrin d'écolier, je fis le rêve
de monter dans une de ces voitures qui partaient,
de m'en aller avec ces grandes belles filles dont
les yeux noirs me faisaient peur, de m'en aller
bien loin, au bout du monde, roulant à jamais le
long des routes.

X

Un jeune chimiste de mes amis me dit, un matin :

— Je connais un vieux savant qui s'est retiré dans une petite maison du boulevard d'Enfer, pour y étudier en paix la cristallisation des diamants. Il a déjà obtenu de jolis résultats. Veux-tu que je te mène chez lui ?

J'ai accepté avec une secrète terreur. Un sorcier m'aurait moins effrayé, car j'ai une peur médiocre du diable ; mais je crains l'argent, et j'avoue que l'homme qui trouvera un de ces jours la pierre philosophale me frappera d'une respectueuse épouvante.

En chemin, mon ami me donna quelques détails sur la fabrication des pierres précieuses. Nos chimistes s'en occupent depuis longtemps. Mais les cristaux qu'ils ont déjà obtenus, sont si petits, et les frais de fabrication s'élèvent si haut, que les expériences ont dû rester à l'état de simples curiosités scientifiques. La question en est là. Il s'agit uniquement de trouver des agents plus puissants, des procédés plus économiques, pour pouvoir fabriquer à bas prix.

Cependant, nous étions arrivés. Mon ami, avant de sonner, me prévint que le vieux savant n'aimant pas les curieux, allait sans doute me recevoir fort mal. J'étais le premier profane qui pénétrait dans le sanctuaire.

Le chimiste nous ouvrit, et je dois confesser que je lui trouvai d'abord l'air stupide, un air de cordonnier hâve et abruti. Il accueillit mon ami affectueusement, m'acceptant avec un sourd grognement, comme un chien qui aurait appartenu à son jeune disciple. Nous traversâmes un jardin laissé inculte. Au fond, se trouvait la maison, une masure en ruines. Le locataire a abattu toutes les cloisons pour ne faire qu'une seule pièce, vaste et haute. Il y avait là un outillage complet de laboratoire, des appareils bizarres, dont je n'essayai même pas de m'expliquer l'usage. Pour tout luxe, pour tout ameublement, un banc et une table de bois noir.

C'est dans ce bouge que j'ai eu un des éblouisse-
ments les plus aveuglants de ma vie. Le long des
murs, sur le carreau, étaient rangés des fonds de
corbeilles lamentables, dont l'osier crevait, pleins
à déborder de pierres précieuses. Chaque tas était
fait d'une espèce de pierre. Les rubis, les amé-
thystes, les émeraudes, les saphirs, les opales, les
turquoises, jetés dans les coins comme des pelle-
tées de cailloux au bord d'un chemin, luisaient
avec des lueurs vivantes, éclairaient la pièce du
pétillement de leurs flammes. C'étaient des brasiers, des charbons ardents, rouges, violets, verts,
bleus, roses. Et l'on eût dit des millions d'yeux de
fées qui riaient dans l'ombre, à fleur de terre. Jamais conte arabe n'a étalé un pareil trésor, jamais
femme n'a rêvé un tel paradis.

Je ne pus retenir un cri d'admiration :

— Quelle richesse ! m'écriai-je. Il y a là des
milliards.

Le vieux savant haussa les épaules. Il parut me
regarder d'un air de pitié profonde.

— Chacun de ces tas reviennent à quelques
francs, me dit-il de sa voix lente et sourde. Ils

m'embarrassent. Je les sèmerai demain dans les
allées de mon jardin, en guise de graviers.

Puis se tournant vers mon ami, il continua, en
prenant les pierreries à poignées :

— Voyez donc ces rubis. Ce sont les plus beaux
que j'aie encore obtenus... Je ne suis pas satisfait
de ces émeraudes ; elles sont trop pures ; celles que
la nature fait ont toutes quelque tache, et je ne
veux pas faire mieux que la nature... Ce qui me
désespère, c'est que je n'ai encore pu obtenir le
diamant blanc. J'ai recommencé hier mes expériences... Dès que j'aurai réussi, l'œuvre de ma
vie sera couronné, je mourrai heureux.

L'homme avait grandi. Je ne lui trouvai plus
l'air stupide ; je commençai à frissonner devant ce
vieillard blême qui pouvait jeter sur Paris une
pluie miraculeuse.

— Mais vous devez avoir peur des voleurs ? lui
demandai-je. Je vois à votre porte et à vos fenêtres de solides barres de fer. C'est une précaution.

— Oui, j'ai peur parfois, murmura-t-il, peur
que des imbéciles ne me tuent avant que j'aie
trouvé le diamant blanc... Ces cailloux qui n'auront plus aucune valeur demain, pourraient aujourd'hui tenter mes héritiers. Ce sont mes héritiers qui m'épouvantent ; ils savent qu'en me fai-

sant disparaître, ils enseveliraient avec moi les
secrets de ma fabrication, et qu'ils conserveraient
ainsi tout son prix à ce prétendu trésor.

Il resta songeur et triste. Nous nous étions assis
sur les tas de diamants, et je le regardai, la main
gauche perdue dans le panier des rubis, la main
droite faisant couler machinalement des poignées
d'émeraudes. Les enfants font ainsi couler le sable
entre leurs doigts.

Au bout d'un silence :

— Vous devez mener une vie intolérable ! m'é-
criai-je. Vous vivez ici dans la haine des hommes...
N'avez-vous aucun plaisir ?

Il me regarda, d'un air surpris.

— Je travaille, répondit-il simplement, je ne
m'ennuie jamais... Quand je suis en gaieté, mes
jours de folie, je mets quelques-uns de ces cailloux dans ma poche, et je vais m'installer au bout
de mon jardin, derrière une meurtrière qui donne
sur le boulevard... Là, de temps à autre, je lance
un diamant au milieu de la chaussée...

Il riait encore au souvenir de cette excellente
plaisanterie.

— Vous ne sauriez vous imaginer les grimaces des gens qui trouvent mes cailloux. Ils frissonnent, ils regardent derrière eux, puis ils se sauvent avec des pâleurs de mort. Ah ! les pauvres gens, quelles bonnes comédies ils m'ont données ! J'ai passé là de joyeuses heures.

Sa voix sèche me causait un malaise inexprimable. Évidemment, il se moquait de moi.

— Hein ! jeune homme, reprit-il, j'ai là de quoi acheter bien des femmes ; mais je suis un vieux diable... Vous comprenez que, si j'avais la moindre ambition, il y a longtemps que je serais roi quelque part... Bah ! je ne tuerais pas une mouche, je suis bon, et c'est pour cela que je laisse vivre les hommes.

Il ne pouvait me dire plus poliment que, s'il lui en prenait la fantaisie, il m'enverrait à l'échafaud.

~~~~~

Des pensées chaudes montaient en moi, sonnant à mes oreilles toutes les cloches du vertige. Les yeux de fées des pierreries me regardaient de leurs regards aigus, rouges, violets, verts, bleus, roses. J'avais serré les mains sans le savoir, je tenais à gauche une poignée de rubis, à droite une poignée d'émeraudes. Et, s'il faut tout dire, une envie irré-sistible me poussait à les glisser dans mes po-ches.

Je lâchai ces cailloux maudits, je m'en allai avec des galops de gendarmes dans le crâne.

XI

J'étais allé à Versailles, et je montais la vaste
cour des Maréchaux, solitude de pierres qui m'a
rappelé souvent la lande déserte de la Crau, dont
la mer de cailloux verdit au grand soleil.

L'hiver dernier, j'ai vu le château par des temps
de neige, le toit bleuâtre, majestueux et triste sur
le gris du ciel, comme le royal palais du froid.
L'été, il est triste encore, plus mélancolique, plus
abandonné, dans les tiédeurs de l'air, au milieu
des pousses puissantes des arbres du parc. A chaque belle saison, les vieux troncs se refont une
jeunesse de feuilles. Le château agonise ; la séve
de la vie ne monte plus dans ses pierres qui s'é-
miettent ; la ruine vient, implacable, rongeant les
angles, descellant les dalles, faisant à chaque
heure son travail de mort.

Les logis, bouges ou palais, ont leurs maladies
dont ils languissent et dont ils meurent. Ce sont
de grands corps vivants, des personnes qui ont

une enfance et une vieillesse, les uns robustes jusque dans la mort, les autres las et vacillants avant l'âge. Je me souviens de maisons entrevues de la portière d'un vagon, sur le bord des routes : bâtiments neufs, pavillons discrets, châteaux déserts, donjons écroulés. Et tous ces êtres de pierre me parlaient, me contaient la santé dont ils vivaient, le mal dont ils agonisaient. Quand l'homme ferme portes et fenêtres et qu'il part, c'est le sang de la maison qui s'en va. Elle se traîne des années au soleil, avec la face ravagée des moribondes; puis, par une nuit d'hiver, vient un coup de vent qui l'emporte.

C'est de cet abandon que meurt le château de Versailles. Il a été bâti trop vaste pour la vie que l'homme peut y mettre. Il faudrait tout un peuple d'habitants pour faire couler le sang dans ces couloirs sans fin, dans ces enfilades de pièces immenses. Il fut l'erreur colossale de l'orgueil d'un roi, qui le voua dès l'enfance à la ruine, en le voulant trop grand. La gloire de Louis XIV n'emplit plus même la chambre où il couchait, chambre froide dans laquelle sa cendre royale ne met aujourd'hui qu'un peu de poussière de plus.

17.

Je montais la cour des Maréchaux, et je vis à droite, dans un coin perdu de cette lande, la vieille femme, la Sarcleuse légendaire qui, depuis cinquante ans, arrache l'herbe des pavés. Du matin au soir, elle est là, au milieu du champ de pierres, luttant contre l'invasion, contre le flot montant des giroflées sauvages et des coquelicots. Elle marche, courbée, visitant chaque fente, épiant les brins verts, les mousses folles. Il lui faut près d'un mois pour aller d'un bout à l'autre de son désert. Et, derrière elle, l'herbe repousse, victorieuse, si drue, si implacable, que, lorsqu'elle recommence son éternelle besogne, elle retrouve les mêmes herbes poussées de nouveau, les mêmes coins de cimetière envahis par les fleurs grasses.

La Sarcleuse connaît la flore de ces ruines. Elle sait que les coquelicots préfèrent le côté sud, que les pissenlits poussent au nord, que les giroflées affectionnent les fentes des piédestaux. La mousse est une lèpre qui s'étend partout. Il y a des plantes persistantes dont elle a beau arracher la racine et qui repoussent toujours ; une goutte de sang est peut-être tombée là, une âme mauvaise y doit être enterrée, jetant à jamais hors de terre les pointes rousses de ses chardons. Dans ce cime-

tière de la royanté, les morts ont des floraisons
étranges.

Mais il faut entendre la Sarcleuse raconter l'histoire de ces herbes. Elles n'ont pas poussé à toutes
les époques avec la même séve. Sous Charles X,
elles étaient encore timides ; elles s'étendaient à
peine comme un gazon léger, tapis de verdure
tendre qui amollissait les pavés sous les pieds des
dames. La cour venait encore au château, les talons des courtisans battaient le sol, faisaient en
une matinée la besogne qui demande à la Sarcleuse
un grand mois. Sous Louis-Philippe, les herbes
se durcirent ; le château, peuplé des fantômes pai-
sibles du Musée historique, commençait à n'être
plus que le palais des ombres. Et ce fut sous le second empire que les herbes triomphèrent ; elles
grandirent impudemment, prirent possession de
leur proie, menacèrent un instant de gagner les
galeries, de verdir les grands et les petits appar-
tements.

J'ai rêvé, à voir la Sarcleuse s'en aller lentement, le tablier plein d'herbe, courbée dans sa
vieille jupe d'indienne. Elle est la dernière pitié

qui empêche aux orties de monter et de cacher la tombe de la monarchie. Elle soigne, en bonne femme, cette lande où poussent les verdures des fosses.

Je me suis imaginé qu'elle était l'ombre de quelque marquise, revenue d'un des bosquets du parc, et qui avait la religion de ces ruines. Elle lutte sans cesse, de ses pauvres doigts raidis, contre la mousse impitoyable. Elle s'entête dans sa besogne vaine, sentant bien que si elle s'arrêtait un jour, le flot des herbes déborderait et la noierait elle-même. Parfois, quand elle se redresse, elle jette un long regard sur le champ de pierres, elle en surveille les coins éloignés, où la végétation est plus grasse. Et elle reste là, un instant, la face pâle, comprenant peut-être l'inutilité de ses bons soins, heureuse de la joie amère d'être la suprême consolatrice de ces pavés.

Mais il viendra un jour où les doigts de la Sarcleuse se raidiront encore. Alors le château croulera dans un dernier hoquet du vent. Le champ de pierres sera livré aux orties, aux chardons, à toutes les herbes folles. Il deviendra broussaille énorme, taillis de plantes tordues et aigres. Et la Sarcleuse se perdra dans les fourrés, écartant des poignées de tiges plus hautes qu'elle, se

frayant un passage au milieu de brins de chien-
dent grands comme de jeunes bouleaux, luttant
encore, jusqu'au jour où ces brins la lieront de
toutes parts, la prendront aux membres, à la taille,
à la gorge, pour la jeter morte à cette mer qui la
roulera dans le flot toujours montant des verdures.

XII

La guerre, la guerre infâme, la guerre maudite!
Nous ne la connaissions pas, nous autres jeunes
hommes qui n'avions pas vingt ans en 1859. Nous
étions encore sur les bancs du collége. Son nom
terrible, qui fait pâlir les mères, ne nous rappelait
que des jours de congé.

Et nous n'apercevions, dans nos souvenirs, que
des soirées tièdes où le peuple riait sur les trottoirs; le matin, la nouvelle d'une victoire avait
passé sur Paris comme un souffle de fête; et, dès
le crépuscule, les boutiquiers illuminaient, les
gamins tiraient des pétards d'un sou dans les rues.
Sur la porte des cafés, il y avait des messieurs qui
buvaient de la bière en faisant de la politique.
Tandis que, là-bas, dans quelque coin perdu de
l'Italie ou de la Russie, les morts, étendus sur le
dos, regardaient naître les étoiles avec leurs
grands yeux ouverts, vides de regard.

En 1859, le jour où la nouvelle de la bataille de Magenta se répandit, je me souviens qu'au sortir du collége, j'allai sur la place de la Sorbonne, pour voir, pour me promener dans cette fièvre qui courait les rues. Là, il y avait un tas de galopins qui criaient : « Victoire ! victoire ! » Nous flairions un jour de congé. Et, dans ces rires, dans ces cris, j'entendis des sanglots. C'était un vieux savetier qui pleurait au fond de son échoppe. Le pauvre homme avait deux enfants en Italie.

J'ai souvent, depuis cette époque, entendu ces sanglots dans ma mémoire. A chaque bruit de guerre, il me semble que le vieux savetier, le peuple en cheveux blancs, pleure au loin, dans les frissons chauds des places publiques.

Mais je me souviens mieux encore de l'autre guerre, de la campagne de Crimée. J'avais alors quatorze ans, je vivais au fond de la province, j'étais en pleine insouciance, à ce point que je ne voyais autre chose dans la guerre que le continuel passage des troupes, dont le défilé était devenu une de nos récréations les plus passionnées.

La petite ville du Midi que j'habitais fut, je crois, traversée par presque tous les soldats qui allèrent en Orient. Un journal de la localité annonçait à l'avance les régiments qui devaient passer. Les départs avaient lieu vers cinq heures du matin. Dès quatre heures, nous étions sur le Cours; pas un externe du collége ne manquait au rendez-vous.

Ah! les beaux hommes! et les cuirassiers, et les lanciers, et les dragons, et les hussards! Nous avions un faible pour les cuirassiers. Quand le soleil se levait et que ses rayons obliques flambaient dans les cuirasses, nous reculions, aveuglés, ravis, comme si une armée d'astres à cheval eut passé devant nous.

Puis les clairons sonnaient. Et l'on partait.

Nous partions avec les soldats. Nous les suivions sur les grandes routes blanches. La musique jouait alors, remerciait la ville de son hospitalité. Et, dans l'air clair, dans la matinée limpide, c'était une fête.

Je me rappelle avoir fait des lieues de la sorte. Nous marchions au pas, nos livres attachés sur le dos par une courroie, comme une giberne. Nous ne devions jamais accompagner les soldats plus loin que la Poudrière; puis, nous allions jusqu'au pont; puis, nous remontions la côte; puis, nous nous accordions jusqu'au prochain village.

Et quand la peur nous prenait et que nous consentions à nous arrêter, nous grimpions sur un coteau, et de là, au loin, entre les plis des terrains, le long des coudes de la route, nous suivions le régiment, nous le regardions se perdre et s'effacer, avec ses mille petites flammes, dans la lumière éclatante de l'horizon.

Ces jours-là, on se souciait bien du collége! On faisait l'école buissonnière, on s'amusait à tous les tas de cailloux. Et il n'était pas rare que la bande descendît à la rivière et s'y oubliât jusqu'au soir.

Dans le Midi, les soldats sont peu aimés. J'en ai vu pleurer de lassitude et de rage, assis sur les trottoirs, leur billet de logement à la main : les bourgeois, les petits rentiers pointus, les gros négociants épaissis, n'avaient pas voulu les recevoir. Il fallait que l'autorité s'en mêlât.

Chez nous, c'était la maison du bon Dieu. Ma grand'mère, qui était Beauceronne, riait à tous ces enfants du Nord qui lui rappelaient le pays. Elle causait avec eux, leur demandait le nom de leur village, et quelle joie, lorsque ce village se trouvait à quelques lieues du sien !

On nous envoyait deux hommes, à chaque régiment. Nous ne pouvions les garder, nous les mettions à l'auberge ; mais ils ne s'en allaient pas, sans que ma grand'mère leur eût fait subir son petit interrogatoire.

Je me souviens qu'un jour il en vint deux qui étaient de son pays même. Ceux-là, elle ne voulut pas les laisser partir. Elle les fit dîner à la cuisine. Et ce fut elle qui leur servit à boire. Moi, en rentrant du collége, je vins voir les soldats ; je crois même que je trinquai avec eux.

Il y en avait un petit et un grand. Je me souviens bien qu'au moment de partir les yeux du grand s'emplirent de larmes. Celui-là avait laissé au pays une pauvre vieille femme, et il remerciait avec effusion ma grand'mère qui lui rappelait sa chère Beauce, tout ce qu'il abandonnait derrière lui.

— Bast ! lui dit la bonne femme, vous reviendrez, et vous aurez la croix.

Mais il hochait douloureusement la tête.

— Eh bien ! reprit-elle, si vous repassez par ici, il faudra revenir me voir. Je vous garderai une bouteille de ce vin, que vous avez trouvé bon.

Les deux pauvres garçons se mirent à rire.
Cette invitation leur fit oublier un instant l'avenir terrible, et ils se revirent sans doute de retour, attablés dans cette petite maison hospitalière,
buvant aux dangers passés. Ils s'engagèrent formellement à revenir boire la bouteille.

Que j'ai suivi de régiments à cette époque, et
que de soldats blêmes sont venus frapper à notre
porte ! Toujours je me rappellerai la procession
interminable de ces hommes qui marchaient à la
mort. Parfois, en fermant les yeux, je les revois
encore, je me rappelle certaines figures, et je me
demande : « Dans quel fossé perdu est-il couché
celui-là ? »

Puis, les régiments devinrent plus rares, et un
jour on les vit repasser en sens inverse, écloppés, saignants, se traînant sur les routes. Certes, nous n'allions plus les attendre, nous ne les accompagnions
plus, ces infirmes. Ce n'étaient plus nos beaux soldats. Ils ne valaient pas le moindre pensum.

Le triste défilé dura longtemps. L'armée semait
des agonisants en chemin. Parfois, ma grand'mère
disait :

— Et les deux Beaucerons, tu sais, est-ce qu'ils vont m'oublier ?

Mais un soir, au crépuscule, un soldat vint frapper à la porte. Il était seul. C'était le petit.

— Le camarade est mort, dit-il en entrant.

Ma grand'mère apporta la bouteille.

— Oui, dit-il, je boirai tout seul.

Et quand il se vit là, attablé, levant son verre, et qu'il chercha le verre du camarade pour trinquer, il poussa un gros soupir, en murmurant :

— C'est moi qu'il a chargé d'aller consoler sa vieille ; j'aimerais mieux être resté là-bas à sa place.

~~~~~~

Plus tard, j'ai eu Chauvin pour camarade, dans une administration. Nous étions petits employés tous deux, et nos bureaux se touchaient au fond d'une pièce noire, trou excellent pour ne rien faire, en attendant l'heure de la sortie.

Chauvin avait été sergent, et il revenait de Solférino, avec des fièvres qu'il avait prises dans les rizières du Piémont. Il sacrait contre ses douleurs, mais il se consolait en les mettant sur le compte des Autrichiens. C'était ces gueux-là qui l'avaient arrangé de la sorte.

Que d'heures passées à commérer ! Je tenais
mon ancien soldat, et j'étais bien décidé à ne pas
le lâcher avant de lui avoir arraché certaines véri-
tés. Je ne me payais point des grands mots : gloire,
victoire, lauriers, guerriers, qui prenaient dans sa
bouche un ronflement superbe. Je laissais passer le
flot de son enthousiasme. Je l'attaquais par les petits détails. Je consentais à écouter le même récit
vingt fois, pour saisir l'esprit vrai. Sans qu'il s'en
doutât, Chauvin finit par me faire de belles confidences.

Au fond, il était d'une naïveté d'enfant. Il ne se
vantait pas pour lui-même ; il parlait simplement
une langue courante de fanfaronnade militaire,
c'était un « blagueur » inconscient, un brave garçon dont les casernes avaient fait une insupportable ganache.

Il avait des récits, des mots tout prêts, on sentait cela. Les phrases faites à l'avance ornaient ses
anecdotes de « troupiers invincibles » et de « braves
officiers sauvés dans le carnage par l'héroïsme de
leurs soldats. » Pendant deux ans, j'ai subi, quatre
heures par jour, la campagne d'Italie. Mais je ne
m'en plains pas. Chauvin a complété mon instruction.

Grâce à lui, grâce aux aveux qu'il m'a faits,

18.

dans notre trou noir, sans songer à mal, je connais la guerre, la vraie, non pas celle dont les historiens nous racontent les épisodes héroïques, mais celle qui sue la peur en plein soleil et glisse dans le sang comme une fille soûle.

Je questionnais Chauvin.

— Et les soldats, ils allaient gaiement au feu?

— Les soldats! on les poussait, donc! Je me souviens de conscrits qui n'avaient jamais vu le feu et qui se cabraient comme des chevaux ombrageux. Il avaient peur; à deux reprises ils prirent la fuite. Mais on les ramena, et une batterie en tua la moitié. Il fallait alors les voir, couverts de sang, aveuglés, se jetant comme des loups sur les Autrichiens. Ils ne se connaissaient plus, ils pleuraient de rage, ils voulaient mourir.

— C'est un apprentissage à faire, disais-je pour le pousser.

— Oh! oui, un rude, j'en réponds. Voyez-vous, les plus crânes ont des sueurs froides. Il faut être gris pour bien se battre. Alors on ne voit plus rien, on tape devant soi comme un furieux.

Et il se laissait aller à ses souvenirs.

— Un jour, on nous avait placés à cent mètres d'un village occupé par les ennemis, avec ordre de ne pas bouger, de ne pas tirer. Voilà que ces gueux d'Autrichiens ouvrent sur notre régiment une fusillade de tous les diables. Pas moyen de s'en aller. A chaque raffale de balles, nous baissions la tête. J'en ai vu qui se jetaient à plat ventre. C'était honteux. On nous a laissés là pendant un quart d'heure. Et il y a deux de mes camarades dont les cheveux ont blanchi.

Puis il reprenait :

— Non, vous n'avez point la moindre idée de cela. Les livres arrangent la chose... Tenez, le soir de Solférino, nous ne savions seulement pas si nous étions vainqueurs. Des bruits couraient que les Autrichiens allaient venir nous massacrer. Je vous assure que nous n'étions pas à la noce. Aussi, le matin, quand on nous fit lever avant le jour, nous grelottions, nous avions une peur terrible que la bataille ne reprît de plus belle. Ce jour-là, nous aurions été vaincus, car nous n'avions plus pour deux liards de force. Puis, on vint nous dire : la paix est signée. Alors tout le régiment se mit à faire des cabrioles. Ce fut une joie bête. Des soldats se prenaient les mains et faisaient des rondes, comme des petites filles... Je ne mens pas, allez. J'y étais. Nous étions bien contents.

Chauvin, qui me voyait sourire, s'imaginait que je ne pouvais croire à un si grand amour de la paix dans l'armée française. Il était d'une simplesse adorable. Je le menais parfois très-loin. Je lui demandais :

— Et vous, n'aviez-vous jamais peur?

— Oh ! moi, répondait-il en riant modestement, j'étais comme les autres... Je ne savais pas... Est-ce que vous croyez qu'on sait si l'on est courageux? On tremble et l'on cogne, voilà la vérité... Une fois, une balle morte me renversa. Je restai par terre, en réfléchissant que si je me relevais, je pourrais bien attraper quelque chose de pire.

XIII

..... Il est mort en chevalier, comme il a vécu.

Vous vous souvenez, mes amis, de ce doux printemps, lorsque nous allions lui serrer la main dans sa petite maison de Clamart. Jacques nous accueillait avec son bon sourire. Et nous dînions sous le berceau couvert de vignes vierges, tandis que Paris, là-bas, à l'horizon, grondait dans la nuit tombante.

Vous n'avez jamais bien connu sa vie. Moi qui ai grandi dans le même berceau que lui, je puis vous conter son cœur. Il vivait à Clamart, depuis deux ans, avec cette grande fille blonde qui se mourait si doucement. C'est toute une histoire exquise et poignante.

Jacques avait rencontré Madeleine à la fête de Saint-Cloud. Il se mit à l'aimer, parce qu'elle était

triste et souffrante. Il voulait, avant que la pauvre
enfant s'en allât dans la terre, lui donner deux
saisons d'amour. Et il vint se cacher avec elle,
dans ce pli de terrain de Clamart, où les roses
poussent comme des herbes folles.

Vous connaissez la maison. Elle était toute modeste, toute blanche, perdue comme un nid dans
les feuilles vertes. Dès le seuil, on y respirait une
discrète affection. Jacques, peu à peu, s'était pris
d'un amour infini pour la mourante. Il regardait
le mal la pâlir davantage chaque jour, avec d'amè-
res tendresses. Madeleine, comme une de ces veil-
leuses d'église, qui jettent une lueur vive avant de
s'éteindre, souriait, éclairait de ses yeux bleus la
petite maison blanche.

Pendant deux saisons, l'enfant sortit à peine.
Elle emplit le jardin étroit de son être charmant,
de ses robes claires, de ses pas légers. Ce fut elle
qui planta les grandes giroflées fauves dont elle
nous faisait des bouquets. Et les géraniums, les
rhododendrons, les héliotropes, toutes ces fleurs
vivantes, ne vivaient que par elle, que pour elle.
Elle était l'âme de ce coin de nature.

Puis, à l'automne, vous vous souvenez, Jacques
vint un soir nous dire, de sa voix lente : « Elle est
morte. » Elle était morte sous le berceau, comme

une enfant qui s'endort, à l'heure pâle où le soleil se couche. Elle était morte au milieu de ses verdures, dans le trou perdu où l'amour avait bercé deux ans son agonie.

~~~~~~

Je n'avais plus revu Jacques. Je savais qu'il vivait toujours à Clamart, sous le berceau, dans le souvenir de Madeleine. Depuis le commencement du siége, j'étais si brisé de fatigue, que je ne songeais plus à lui, lorsque le 13 au matin, apprenant qu'on se battait du côté de Meudon et de Sèvres, je revis brusquement dans mon souvenir la petite maison blanche, cachée sous les feuilles vertes. Et je revis aussi Madeleine, Jacques, nous tous, prenant le thé dans le jardin, au milieu de la grande paix du soir, en face de Paris ronflant sourdement à l'horizon.

Alors, je sortis par la porte de Vanves, et j'allai devant moi. Les routes étaient encombrées de blessés. J'arrivai ainsi aux Moulineaux, où j'appris notre succès ; mais, quand j'eus tourné le bois et que je me trouvai sur le coteau, une émotion terrible me serra le cœur.

En face de moi, dans les terres piétinées, rava-

gées, je ne vis plus, à la place de la petite maison
blanche, qu'un trou noir où la mitraille et l'incendie avaient passé. Je descendis le coteau, les larmes aux yeux.

～～～～～

Ah ! mes amis, quelle épouvantable chose !
Vous savez, la haie d'aubépines, elle a été rasée au
pied par les boulets. Les grandes giroflées fauves,
les géraniums, les rhododendrons, traînaient, hachés, broyés, si lamentables à voir, que j'ai eu
pitié d'eux, comme si j'avais eu devant moi les
membres saignants de pauvres gens de ma con-
naissance.

La maison est tout écroulée d'un côté. Elle
montre, par sa plaie béante, la chambre de Madeleine, cette chambre pudique, tendue d'une perse
rose, et dont on voyait de la route les rideaux toujours fermés. Cette chambre, brutalement ouverte
par la canonnade prussienne, cette alcôve amoureuse qu'on aperçoit maintenant de toute la vallée, m'ont fait saigner l'âme, et je me suis dit
que j'étais au milieu du cimetière de notre jeunesse. Le sol couvert de débris, creusé par les
obus, ressemblait à ces terrains fraîchement re-

mués par la pelle des fossoyeurs, et dans lequel on devine des bières neuves.

Jacques avait dû abandonner cette maison criblée par la mitraille. J'avançai encore, j'entrai sous le berceau, qui, par miracle, est resté presque intact. Là, à terre, dans une mare de sang, Jacques dormait, la poitrine trouée de plus de vingt blessures. Il n'avait pas quitté les vignes vierges où il avait aimé, il était mort où était morte Madeleine.

J'ai ramassé à ses pieds sa giberne vide, son chassepot brisé, et j'ai vu que les mains du pauvre mort étaient noires de poudre. Jacques, pendant cinq heures, seul avec son arme, avait défendu furieusement le blanc fantôme de Madeleine.

XIV

Pauvre Neuilly! Je me souviendrai longtemps
de la lamentable promenade que j'ai faite hier,
25 avril 1871. A neuf heures, dès que l'armistice
conclu entre Paris et Versailles a été connu, une
foule considérable s'est portée vers la porte Maillot. Cette porte n'existe plus; les batteries du
rond-point de Courbevoie et du mont Valérien en
ont fait un tas de décombres. Lorsque j'ai franchi
cette ruine, des gardes nationaux étaient occupés
à réparer la porte; peine perdue, car quelques
coups de canon suffiront pour emporter les sacs
de terre et les pavés qu'ils entassaient.

A partir de la porte Maillot, on marche en pleines
ruines. Toutes les maisons avoisinantes sont
effondrées. Par les fenêtres brisées, j'aperçois des
coins de mobiliers luxueux; un rideau pend dé-
chiqueté à un balcon, un serin vit encore dans
une cage accrochée à la corniche d'une man-

sarde. Plus on avance, plus les désastres s'amon-
cèlent. L'avenue est semée de débris, labourée
par les obus; on dirait une voie de douleur, le
calvaire maudit de la guerre civile.

Je me suis engagé dans les rues de traverse,
espérant échapper à cette horrible grand'route, le
long de laquelle, à chaque pas, on rencontre des
mares de sang. Hélas! dans les petites rues qui
aboutissent à l'avenue, les ravages sont peut-être
plus horribles encore. Là, on s'est battu pied à
pied, à l'arme blanche. Les maisons ont été prises
et reprises dix fois; les soldats des deux partis ont
creusé les murs pour cheminer à l'intérieur, et
ce que les obus ont épargné, ils l'ont renversé à
coups de pioche. Ce sont surtout les jardins qui
ont souffert. Les pauvres jardins printaniers! Les
murs de clôture ont des brèches béantes, les corbeilles de fleurs sont défoncées, les allées, piétinées, ravagées. Et, sur tout ce printemps souillé
de sang, fleurit seule une mer de lilas. Jamais
mois d'avril n'a vu une pareille floraison. Les
curieux entrent dans les jardins par les brèches
ouvertes. Ils emportent sur leurs épaules des

brassées de lilas, des bouquets si lourds que des
brins s'échappent à chaque pas, et que les rues de
Neuilly sont bientôt toutes semées de fleurs,
comme pour le passage d'une procession.

Les plaies des maisons, les trous des murs api-
toient la foule. Mais il est une plus grande tristesse. C'est le déménagement du malheureux
village. Il y a là trois ou quatre mille personnes
qui fuient en emportant leurs objets précieux. Je
vois des gens qui rentrent dans Paris avec un
petit panier de linge et une énorme pendule de
zinc doré entre les bras. Toutes les voitures de
déménagement ont été réquisitionnées. On va
jusqu'à emporter des armoires à glace sur des
civières, comme des blessées que le moindre heurt
pourrait tuer.

Les habitants ont souffert atrocement. J'ai causé
avec un des fugitifs qui est resté quinze jours
enfermé dans une cave avec une trentaine d'autres personnes. Ces malheureux mouraient de
faim. Un d'entre eux s'étant dévoué pour aller
chercher du pain, fut frappé sur le seuil de la
cave, et son cadavre, pendant six jours, resta sur
les premières marches. N'est-ce pas un véritable
cauchemar? la guerre qui laisse ainsi les cadavres
pourrir au milieu des vivants, n'est-elle pas une

guerre impie? Tôt ou tard, la patrie portera la
peine de ces crimes.

~~~~~~

Jusqu'à cinq heures, la foule s'est promenée sur
le théâtre de la lutte. J'ai vu des petites filles, venues tout doucement des Champs-Élysées, qui
jouaient au cerceau parmi les décombres. Et leurs
mères, souriantes, causaient entre elles, s'arrêtaient parfois, prises d'une pointe d'horreur
charmante. Étrange peuple que ce peuple de
Paris qui s'oublie entre des canons chargés, qui
pousse la badauderie jusqu'à vouloir regarder si
les boulets sont bien dans les gueules de bronze.
A la porte Maillot, des gardes nationaux ont dû se
fâcher contre des dames qui voulaient absolument toucher à une mitrailleuse pour s'en expliquer le mécanisme.

Lorsque j'ai quitté Neuilly, vers sept heures,
pas un coup de canon n'avait encore été tiré. La
foule rentrait lentement dans Paris. Aux Champs-
Élysées, on aurait pu se croire à quelque retour
attardé des courses de Longchamps. Et longtemps
encore, jusqu'à la nuit close, on a rencontré, dans
les rues de Paris, des promeneurs, des familles

entières qui pliaient sous des charges de lilas. Du village sinistre où des frères s'égorgent, de l'avenue maudite, aux maisons effondrées dans le sang, il n'y a, à cette heure, sur nos cheminées, que des grappes fleuries et odorantes.

~~~~~~

Nous venons d'avoir trois jours de soleil. Les boulevards étaient pleins de promeneurs. Ce qui fait mon continuel étonnement, c'est l'aspect animé des squares et des jardins publics. Aux Tuileries, des femmes brodent à l'ombre des marronniers, des enfants jouent, tandis que, là-haut, du côté de l'Arc de Triomphe, les obus éclatent. Ce bruit intolérable d'artillerie ne fait même plus tourner la tête à ce petit peuple joueur. On voit des mères tenant des bébés par chaque main, qui viennent examiner de près les formidables barricades construites sur la place de la Concorde.

Mais le trait le plus caractéristique est la partie de plaisir que, pendant huit jours, les Parisiens sont allés faire à la butte Montmartre. Là, sur la face ouest, dans un terrain vague, tout Paris s'est donné rendez-vous. C'est un magnifique amphithéâtre pour assister de loin à la bataille qui se

livre de Neuilly à As nières. On apportait des
chaises, des pliants. Des industriels avaient même
établi des bancs; pour deux sous, on était placé
tout comme au parterre d'un théâtre. Les femmes,
surtout, venaient en grand nombre. Puis, c'é-
taient de grands éclats de rire dans cette foule. A
chaque obus, dont on apercevait au loin l'explo-
sion, on trépignait d'aise, on trouvait quelque
bonne plaisanterie qui courait dans les groupes
comme une fusée de gaieté. J'ai même vu des
personnes apporter là leur déjeuner, un morceau de charcuterie sur du pain. Pour ne pas
quitter la place, elles mangeaient debout, elles
envoyaient chercher du vin chez un débitant du
voisinage. Il faut des spectacles à ces foules;
quand les théâtres ferment et que la guerre civile
ouvre, elles vont voir mourir pour tout de bon,
avec la même curiosité goguenarde qu'elles mettent à attendre le cinquième acte d'un mélo-
drame.

— C'est si loin, disait une charmante jeune
femme, blonde et pâle, que ça ne me fait rien du
tout de leur voir faire la cabriole. Quand les hommes sont coupés en deux, on dirait qu'on les plie
comme des écheveaux.

LES QUATRE JOURNÉES

DE

JEAN GOURDON

LES QUATRE JOURNÉES

DE

JEAN GOURDON

———

I

PRINTEMPS.

Ce jour-là, vers cinq heures du matin, le soleil
entra avec une brusquerie joyeuse dans la petite
chambre que j'occupais chez mon oncle Lazare,
curé du hameau de Dourgues. Un large rayon
jaune tomba sur mes paupières closes, et je m'é-
veillai dans de la lumière.

Ma chambre, blanchie à la chaux, avec ses murailles et ses meubles de bois blanc, avait une
gaieté engageante. Je me mis à la fenêtre, et je

regardai la Durance qui coulait, toute large, au milieu des verdures noires de la vallée. Et des souffles frais me caressaient le visage, les murmures de la rivière et des arbres semblaient m'appeler.

J'ouvris ma porte doucement. Il me fallait, pour sortir, traverser la chambre de mon oncle. J'avançai sur la pointe des pieds, craignant que le craquement de mes gros souliers ne réveillât le digne homme qui dormait encore, la face souriante. Et je tremblais d'entendre la cloche de l'église sonner *l'Angelus*. Mon oncle Lazare, depuis quelques jours, me suivait partout, d'un air triste et fâché. Il m'aurait peut-être empêché d'aller là-bas, sur le bord de la rivière, et de me cacher sous les saules de la rive, afin de guetter au passage Babet, la grande fille brune, qui était née pour moi avec le printemps nouveau.

Mais mon oncle dormait d'un profond sommeil. J'eus comme un remords de le tromper et de me sauver ainsi. Je m'arrêtai un instant à regarder son visage calme, que le repos rendait plus doux; je me souvins avec attendrissement du jour où il était venu me chercher dans la maison froide et déserte que quittait le convoi de ma mère. Depuis ce jour, que de tendresse, que de dévouement, que de sages paroles ! Il m'avait donné sa science et sa bonté, toute son intelligence et tout son cœur.

Je fus un instant tenté de lui crier :

— Levez-vous, mon oncle Lazare ! allons faire ensemble un bout de promenade, dans cette allée que vous aimez, au bord de la Durance. L'air frais et le jeune soleil vous réjouiront. Vous verrez au retour quel vaillant appétit !

Et Babet qui allait descendre à la rivière, et que je ne pourrais voir, vêtue de ses jupes claires du matin ! Mon oncle serait là, il me faudrait baisser les yeux. Il devait faire si bon sous les saules, couché à plat ventre, dans l'herbe fine ! Je sentis une langueur glisser en moi, et, lentement, à petits pas, retenant mon souffle, je gagnais la porte. Je descendis l'escalier, je me mis à courir comme un fou dans l'air tiède de la joyeuse matinée de mai.

Le ciel était tout blanc à l'horizon, avec des teintes bleues et roses d'une délicatesse exquise. Le soleil pâle semblait une grande lampe d'argent, dont les rayons pleuvaient dans la Durance en une averse de clartés. Et la rivière, large et molle, s'étendant avec paresse sur le sable rouge, allait d'un bout à l'autre de la vallée, pareille à la cou-

lée d'un métal en fusion. Au couchant, une ligne
de collines basses et dentelées faisait sur la pâleur
du ciel de légères taches violettes.

Depuis dix ans, j'habitais ce coin perdu. Que de
fois mon oncle Lazare m'avait attendu pour me
donner ma leçon de latin ! Le digne homme voulait
faire de moi un savant. Moi, j'étais de l'autre côté
de la Durance, je dénichais des pies, je faisais la
découverte d'un coteau sur lequel je n'avais pas
encore grimpé. Puis, au retour, c'était des re-
montrances : le latin était oublié, mon pauvre
oncle me grondait d'avoir déchiré mes culottes,
et il frissonnait en voyant parfois que la peau,
par-dessous, se trouvait entamée. La vallée était
à moi, bien à moi ; je l'avais conquise avec mes
jambes, j'en étais le vrai propriétaire, par droit
d'amitié. Et ce bout de rivière, ces deux lieues
de Durance, comme je les aimais, comme nous
nous entendions bien ensemble ! Je connaissais
tous les caprices de ma chère rivière, ses colères,
ses grâces, ses physionomies diverses à chaque
heure de la journée.

Ce matin-là, lorsque j'arrivai au bord de l'eau,
j'eus comme un éblouissement à la voir si douce
et si blanche. Jamais elle n'avait eu un si gai visage. Je me glissai vivement sous les saules,

dans une clairière où il y avait une grande nappe
de soleil posée sur l'herbe noire. Là, je me couchai à plat ventre, l'oreille tendue, regardant entre les branches le sentier par lequel allait descendre Babet.

— Oh! comme l'oncle Lazare doit dormir !
pensais-je.

Et je m'étendais de tout mon long sur la mousse.
Le soleil pénétrait mon dos d'une chaleur tiède,
tandis que ma poitrine, enfoncée dans l'herbe,
était toute fraîche.

N'avez-vous jamais regardé dans l'herbe, de
tout près, les yeux sur les brins de gazon? Moi, en
attendant Babet, je fouillais indiscrètement du regard une touffe de gazon qui était vraiment tout
un monde. Dans ma touffe de gazon, il y avait des
rues, des carrefours, des places publiques, des
villes entières. Au fond, je distinguais un grand
tas d'ombre où les feuilles du dernier printemps
pourrissaient de tristesse ; puis les tiges légères se
levaient, s'allongeaient, se courbaient avec mille
élégances, et c'étaient des colonnades frêles, des
églises, des forêts vierges. Je vis deux insectes
maigres qui se promenaient au milieu de cette im-
mensité ; ils étaient certainement perdus, les pauvres enfants, car ils allaient de colonnade en co-

lonnade, de rue en rue, d'une façon effarouchée
et inquiète.

Ce fut juste à ce moment qu'en levant les yeux
je vis tout au haut du sentier les jupes blanches
de Babet se détachant sur la terre noire. Je reconnus sa robe d'indienne grise à petites fleurs
bleues. Je m'enfonçai dans l'herbe davantage,
j'entendis mon cœur qui battait contre la terre,
qui me soulevait presque par légères secousses.
Ma poitrine brûlait maintenant, je ne sentais plus
les fraîcheurs de la rosée.

La jeune fille descendait lestement. Ses jupes,
rasant le sol, avaient des balancements qui me
ravissaient. Je la voyais de bas en haut, toute
droite, dans sa grâce fière et heureuse. Elle ne me
savait point là, derrière les saules ; elle marchait
d'un pas libre, elle courait sans se soucier du vent
qui soulevait un coin de sa robe. Je distinguais
ses pieds, trottant vite, vite, et un morceau de
ses bas blancs, qui était bien large comme la
main, et qui me faisait rougir d'une façon douce
et pénible.

Oh! alors, je ne vis plus rien, ni la Durance, ni
les saules, ni la blancheur du ciel. Je me moquais
bien de la vallée! Elle n'était plus ma bonne amie ;
ses joies, ses tristesses me laissaient parfaitement

froid. Que m'importaient mes camarades, les cailloux et les arbres des coteaux! La rivière pouvait s'en aller tout d'un trait si elle voulait; ce n'est pas moi qui l'aurais regrettée.

Et le printemps, je ne me souciais nullement du printemps! Il aurait emporté le soleil qui me chauffait le dos, ses feuillages, ses rayons, toute sa matinée de mai, que je serais resté là, en extase, à regarder Babet, courant dans le sentier en balançant délicieusement ses jupes. Car Babet avait pris dans mon cœur la place de la vallée, Babet était le printemps. Jamais je ne lui avais parlé. Nous rougissions tous les deux, lorsque nous nous rencontrions dans l'église de mon oncle Lazare. J'aurais juré qu'elle me détestait.

Elle causa, ce jour-là, pendant quelques minutes avec les lavandières. Ses rires perlés arrivaient jusqu'à moi, mêlés à la grande voix de la Durance. Puis, elle se baissa pour prendre un peu d'eau dans le creux de sa main; mais la rive était haute, Babet, qui faillit glisser, se retint aux herbes.

Je ne sais quel frisson me glaça le sang. Je me levai brusquement, et, sans honte, sans rougeur, je courus auprès de la jeune fille. Elle me regarda, effarouchée; puis, elle se mit à sourire. Moi, je

20.

me penchai, au risque de tomber. Je réussis à remplir d'eau ma main droite, dont je serrais les doigts. Et je tendis à Babet cette coupe nouvelle, l'invitant à boire.

Les lavandières riaient. Babet, confuse, n'osait accepter, hésitait, tournait la tête à demi. Enfin, elle se décida, elle appuya délicatement les lèvres sur le bout de mes doigts; mais elle avait trop tardé, toute l'eau s'en était allée. Alors elle éclata de rire, elle redevint enfant, et je vis bien qu'elle se moquait de moi.

J'étais fort sot. Je me penchai de nouveau. Cette fois, je pris de l'eau dans mes deux mains, me hâtant de les porter aux lèvres de Babet. Elle but, et je sentis le baiser tiède de sa bouche, qui remonta le long de mes bras jusque dans ma poitrine, qu'il emplit de chaleur.

— Oh! que mon oncle doit dormir! me disais-je tout bas.

Comme je me disais cela, j'aperçus une ombre noire à côté de moi, et, n'étant tourné, j'aperçus mon oncle Lazare en personne, à quelques pas, nous regardant d'un air fâché, Babet et moi. Sa soutane paraissait toute blanche au soleil; il y avait dans ses yeux des reproches qui me donnèrent envie de pleurer.

Babet eut grand'peur. Elle devint rouge, elle se sauva en balbutiant :

— Merci, monsieur Jean, je vous remercie bien.

Moi, essuyant mes mains mouillées, je restai confus, immobile devant mon oncle Lazare.

Le digne homme, les bras pliés, ramenant un coin de sa soutane, regarda Babet qui remontait le sentier en courant, sans tourner la tête. Puis, lorsqu'elle eut disparu derrière les haies, il abaissa ses regards vers moi, et je vis sa bonne figure sourire tristement.

— Jean, me dit-il, viens dans la grande allée. Le déjeuner n'est pas prêt. Nous avons une demi-heure à perdre.

Il se mit à marcher de son pas un peu pesant, évitant les touffes d'herbe mouillées de rosée. Sa soutane, dont un bout traînait sur les graviers, avait de petits claquements sourds. Il tenait son bréviaire sous le bras ; mais il avait oublié sa lecture du matin, et il s'avançait, la tête baissée, rêvant, ne parlant point.

Son silence m'accablait. Il était bavard d'ordinaire. A chaque pas, mon inquiétude croissait. Pour sûr, il m'avait vu donner à boire à Babet. Quel spectacle, Seigneur! La jeune fille, riant et

rougissant, me baisait le bout des doigts, tandis
que moi, me dressant sur les pieds, tendant les
bras, je me penchais comme pour l'embrasser.
C'est alors que mon action me parut épouvantable
d'audace. Et toute ma timidité revint. Je me de-
mandai comment j'avais pu oser me faire baiser
les doigts d'une façon si douce.

Et mon oncle Lazare qui ne disait rien, qui marchait toujours à petits pas devant moi, sans avoir
un seul regard pour les vieux arbres qu'il aimait !
Il préparait sûrement un sermon. Il ne m'emme-
nait dans la grande allée qu'afin de me gronder
à l'aise. Nous en aurions au moins pour une heure :
le déjeuner serait froid, je ne pourrais revenir au
bord de l'eau et rêver aux tièdes brûlures que les
lèvres de Babet avaient laissées sur mes mains.

Nous étions dans la grande allée. Cette allée,
large et courte, longeait la rivière ; elle était faite
de chênes énormes, aux troncs crevassés, qui allongeaient puissamment leurs hautes branches.
L'herbe fine tendait un tapis sous les arbres, et le
soleil, criblant les feuillages, brodait ce tapis de
rosaces d'or. Au loin, tout autour, s'élargissaient
des prairies d'un vert cru.

Mon oncle, sans se retourner, sans changer son
pas, alla jusqu'au bout de l'allée. Là, il s'arrêta, et

je me tins à son côté, comprenant que le moment
terrible était venu.

La rivière tournait brusquement; un petit parapet faisait du bout de l'allée une sorte de terrasse.
Cette voûte d'ombre donnait sur une vallée de lumière. La campagne s'agrandit largement devant
nous, à plusieurs lieues. Le soleil montait dans le
ciel, où les rayons d'argent du matin s'étaient chan-
gés en un ruissellement d'or; des clartés aveu-
glantes coulaient de l'horizon, le long des coteaux,
s'étalant dans la plaine avec des lueurs d'incendie.

Après un instant de silence, mon oncle Lazare
se tourna vers moi.

— Bon Dieu, le sermon ! pensai-je.

Et je baissai la tête. D'un geste large, mon oncle me montra la vallée; puis, se redressant ·

— Regarde, Jean, me dit-il d'une voix lente,
voilà le printemps. La terre est en joie, mon garçon, et je t'ai amené ici, en face de cette plaine de
lumière, pour te montrer les premiers sourires de
la jeune saison. Vois quel éclat et quelle douceur !
Il monte de la campagne des senteurs tièdes
qui passent sur nos visages comme des souffles
de vie.

Il se tut, paraissant rêver. J'avais relevé le front,

étonné, respirant à l'aise. Mon oncle ne prêchait
pas.

— C'est une belle matinée, reprit-il, une matinée de jeunesse. Tes dix-huit ans vivent largement, au milieu de ces verdures âgées au plus de
dix-huit jours. Tout est splendeur et parfum, n'est-
ce pas ? la grande vallée te semble un lieu de délices :
la rivière est là pour te donner sa fraîcheur, les
arbres pour te prêter leur ombre, la campagne entière pour te parler de tendresse, le ciel lui-même
pour embraser ces horizons que tu interroges avec
espérance et désir. Le printemps appartient aux
gamins de ton âge. C'est lui qui enseigne aux garçons la façon de faire boire les jeunes filles...

Je baissai la tête de nouveau. Décidément, mon
oncle Lazare m'avait vu.

— Un vieux bonhomme comme moi, continua-
t-il, sait malheureusement à quoi s'en tenir sur les
grâces du printemps. Moi, mon pauvre Jean,
j'aime la Durance parce qu'elle arrose ces prairies
et qu'elle fait vivre toute la vallée ; j'aime ces jeunes feuillages parce qu'ils m'annoncent les fruits
de l'été et de l'automne ; j'aime ce ciel parce qu'il
est bon pour nous, parce que sa chaleur hâte la
fécondité de la terre. Il me faudrait te dire cela un
jour ou l'autre ; je préfère te le dire aujourd'hui, à

cette heure matinale. C'est le printemps lui-même
qui te fait la leçon. La terre est un vaste atelier où
l'on ne chôme jamais. Regarde cette fleur, à nos
pieds : elle est un parfum pour toi; pour moi elle
est un travail, elle accomplit sa tâche en produi-
sant sa part de vie, une petite graine noire qui tra-
vaillera à son tour, le printemps prochain. Et,
maintenant, interroge le vaste horizon. Toute cette
joie n'est qu'un enfantement. Si la campagne sourit, c'est qu'elle recommence l'éternelle besogne.
L'entends-tu à présent respirer fortement, active
et pressée? Les feuilles soupirent, les fleurs se hâ-
tent, le blé pousse sans relâche ; toutes les plantes,
toutes les herbes se disputent à qui grandira le
plus vite ; et l'eau vivante, la rivière vient aider
le travail commun, et le jeune soleil qui monte
dans le ciel, a charge d'égayer l'éternelle besogne
des travailleurs.

Mon oncle, à ce moment, me força à le regarder
en face. Il acheva en ces termes :

— Jean, tu entends ce que te dit ton ami le
printemps. Il est la jeunesse, mais il prépare l'âge
mur ; son clair sourire n'est que la gaieté du travail. L'été sera puissant, l'automne sera fécond,
car le printemps chante à cette heure, en accom-
plissant bravement sa tâche.

Je restai fort sot. Je comprenais mon oncle Lazare. Il me faisait bel et bien un sermon, dans lequel il me disait que j'étais un paresseux et que le
moment de travailler était venu.

Mon oncle paraissait aussi embarrassé que moi.
Après avoir hésité pendant quelques instants :

— Jean, dit-il en balbutiant un peu, tu as eu
tort de ne pas venir me tout conter... Puisque tu
aimes Babet et que Babet t'aime...

— Babet m'aime ! m'écriai-je.

Mon oncle eut un geste d'humeur.

— Eh ! laisse-moi dire. Je n'ai pas besoin d'un
nouvel aveu... Elle me l'a avoué elle-même.

— Elle vous a avoué cela, elle vous a avoué
cela !

Et je sautai brusquement au cou de mon oncle
Lazare.

— Oh ! que c'est bon ! ajoutai-je... Je ne lui avais
jamais parlé, vrai... Elle vous a dit ça à confesse,
n'est ce pas ?... Jamais je n'aurais osé lui demander si elle m'aimait, moi, jamais je n'en aurais
rien su... Oh ! que je vous remercie !

Mon oncle Lazare était tout rouge. Il sentait
qu'il venait de commettre une maladresse. Il avait
pensé que je n'en étais pas à ma première rencontre avec la jeune fille, et voilà qu'il me donnait une

certitude, lorsque je n'osais encore rêver une espérance. Il se taisait maintenant ; c'était moi qui
parlais avec volubilité.

— Je comprends tout, continuai-je. Vous avez
raison, il faut que je travaille pour gagner Babet.
Mais vous verrez comme je serai courageux... Ah !
que vous êtes bon, mon oncle Lazare, et que vous
parlez bien ! J'entends ce que dit le printemps ; je
veux avoir, moi aussi, un été puissant, un automne fécond. On est bien ici, on voit toute la vallée ; je suis jeune comme elle, je sens la jeunesse
en moi qui demande à remplir sa tâche...

Mon oncle me calma.

— C'est bien, Jean, me dit-il. J'ai longtemps
espéré faire de toi un prêtre, je ne t'avais donné ma
science que dans ce but. Mais ce que j'ai vu ce matin au bord de l'eau, me force à renoncer définiti-
vement à mon rêve le plus cher. C'est le ciel qui
dispose de nous. Tu aimeras Dieu d'une autre façon... Tu ne peux rester maintenant dans ce village, où je veux que tu ne rentres que mûri par
l'âge et le travail. J'ai choisi pour toi le métier de
typographe ; ton instruction te servira. Un de mes
amis, un imprimeur de Grenoble, t'attend lundi
prochain.

Une inquiétude me prit.

— Et je reviendrai épouser Babet? demandai-
je.

Mon oncle eut un imperceptible sourire. Sans
répondre directement :

— Le reste est à la volonté du ciel, répondit-il.

— Le ciel, c'est vous, et j'ai foi en votre bonté.
Oh ! mon oncle, faites que Babet ne m'oublie pas.
Je vais travailler pour elle.

Alors mon oncle Lazare me montra de nouveau
la vallée que la lumière inondait de plus en plus,
chaude et dorée.

— Voilà l'espérance, me dit-il. Ne sois pas aussi
vieux que moi, Jean. Oublie mon sermon, garde
l'ignorance de cette campagne. Elle ne songe pas
à l'automne ; elle est toute à la joie de son sourire ;
elle travaille, insouciante et courageuse. Elle espère.

Et nous revînmes à la cure, marchant lentement
dans l'herbe que le soleil avait séchée, causant
avec des attendrissements de notre prochaine séparation. Le déjeuner était froid, comme je l'avais
prévu ; mais cela m'importait peu. J'avais des larmes dans les yeux, chaque fois que je regardais
mon oncle Lazare. Et, au souvenir de Babet, mon
cœur battait à m'étouffer.

Je ne me rappelle pas ce que je fis le reste du

jour. J'allai, je crois, me coucher sous mes saules, au bord de l'eau. Mon oncle avait raison, la terre travaillait. En appliquant l'oreille contre le gazon, il me semblait entendre des bruits continus. Alors, je rêvais ma vie. Enfoncé dans l'herbe, jusqu'au soir, j'arrangeai une existence toute de travail, entre Babet et mon oncle Lazare. La jeunesse énergique de la terre avait pénétré dans ma poitrine, que j'appuyais fortement contre la mère commune, et je m'imaginais par instants être un des saules vigoureux qui vivaient autour de moi. Le soir, je ne pus dîner. Mon oncle comprit sans doute les pensées qui m'étouffaient, car il feignit de ne pas remarquer mon peu d'appétit. Dès qu'il me fut permis de me lever, je me hâtai de retourner respirer l'air libre du dehors.

Un vent frais montait de la rivière, dont j'entendais au loin les clapotements sourds. Une lumière veloutée tombait du ciel. La vallée s'étendait comme une mer d'ombre, sans rivage, douce et transparente. Il y avait des bruits vagues dans l'air, une sorte de frémissement passionné, comme un large battement d'ailes, qui aurait passé sur ma tête. Des odeurs poignantes montaient avec la fraîcheur de l'herbe.

J'étais sorti pour voir Babet ; je savais que, tous

les soirs, elle venait à la cure, et j'allai m'embusquer derrière une haie. Je n'avais plus mes timidités du matin ; je trouvais tout naturel de l'attendre là, puisqu'elle m'aimait et que je devais lui annoncer mon départ.

Quand je vis ses jupes dans la nuit limpide, je m'avançai sans bruit. Puis, à voix basse :

— Babet, murmurai-je, Babet, je suis ici.

Elle ne me reconnut pas d'abord, elle eut un mouvement de terreur. Quand elle m'eut reconnu, elle parut plus effrayée encore, ce qui m'étonna profondément.

— C'est vous, monsieur Jean, me dit-elle. Que faites-vous là ? que voulez-vous ?

J'étais près d'elle, je lui pris la main.

— Vous m'aimez bien, n'est-ce pas ?

— Moi ! qui vous a dit cela ?

— Mon oncle Lazare.

Elle demeura atterrée. Sa main se mit à trembler dans la mienne. Comme elle allait se sauver, je pris son autre main. Nous étions face à face, dans une sorte de creux que formait la haie, et je sentais le souffle haletant de Babet qui courait tout chaud sur mon visage. La fraîcheur, le silence frissonnant de la nuit, traînaient lentement autour de dans.

— Je ne sais pas, balbutia la jeune fille, je n'ai jamais dit cela... Monsieur le curé a mal entendu... Par grâce, laissez-moi, je suis pressée.

— Non, non, repris-je, je veux que vous sachiez que je pars demain, et que vous me promettiez de m'aimer toujours.

— Vous partez demain !

Oh ! le doux cri, et que Babet y mit de tendresse ! Il me semble encore entendre sa voix alarmée, pleine de désolation et d'amour.

— Vous voyez bien, criai-je à mon tour, que mon oncle Lazare a dit la vérité. D'ailleurs, il ne ment jamais. Vous m'aimez, vous m'aimez, Babet ! Vos lèvres, ce matin, l'avaient confié tout bas à mes doigts.

Et je la fis asseoir au pied de la haie. Mes souvenirs m'ont gardé ma première causerie d'amour, dans sa religieuse innocence. Babet m'écouta comme une petite sœur. Elle n'avait plus peur, elle me confia l'histoire de son amour. Et ce furent des serments solennels, des aveux naïfs, des projets sans fin. Elle jura de n'épouser que moi, je jurai de mériter sa main à force de travail et de tendresse. Il y avait un grillon derrière la haie, qui accompagnait notre causerie de son chant d'espérance, et toute la vallée, chuchotant dans l'ombre, prenait plaisir à nous entendre causer si doucement.

Nous nous séparâmes en oubliant de nous embrasser.

Quand je rentrai dans ma petite chambre, il me sembla que je l'avais quittée depuis une année au moins. Cette journée si courte me paraissait éternelle de bonheur. C'était là ma journée de printemps, la plus tiède, la plus parfumée de ma vie, celle dont le souvenir est aujourd'hui la voix lointaine et émue de ma jeune saison.

II

ÉTÉ.

Ce jour-là, lorsque je m'éveillai, vers trois heures du matin, j'étais couché sur la terre dure, brisé de lassitude, le visage couvert de sueur. Une nuit de juillet, chaude et lourde, pesait sur ma poitrine.

Autour de moi, mes compagnons dormaient, enveloppés dans leurs capotes ; ils tachaient de noir la terre grise, et la plaine obscure haletait ; il me semblait entendre la respiration forte d'une multitude endormie. Des bruits perdus, des hennissements de chevaux, des chocs d'armes, s'élevaient dans le silence frissonnant.

Vers minuit, l'armée avait fait halte, et nous avions reçu l'ordre de nous coucher et de dormir. Depuis trois jours nous marchions, brûlés par le soleil, aveuglés par la poussière. L'ennemi était enfin devant nous, là-bas, sur les coteaux de l'horizon. Au petit jour, une bataille décisive devait être livrée.

Un accablement m'avait pris. Pendant trois heures, j'étais resté comme écrasé, sans souffle et sans rêves. L'excès même de la fatigue venait de me réveiller. Maintenant, couché sur le dos, les yeux grands ouverts, je songeais en regardant la nuit, je songeais à cette bataille, à cette tuerie que le soleil allait éclairer. Depuis plus de six ans, au premier coup de feu de chaque combat, je disais adieu à mes chères affections, à Babet, à l'oncle Lazare. Et voilà, un mois à peine avant ma libération, qu'il me fallait leur dire adieu encore, cette fois pour toujours peut-être !

Puis mes pensées s'adoucirent. Les yeux fermés, je vis Babet et mon oncle Lazare. Comme il y avait longtemps que je ne les avais embrassés ! Je me souvenais du jour de notre séparation; mon oncle pleurait d'être pauvre, de me laisser partir ainsi, et Babet, le soir, m'avait juré de m'attendre, de ne jamais aimer que moi. J'avais dû tout quitter, mon patron de Grenoble, mes amis de Dourgues. De loin en loin, quelques lettres étaient venues me dire qu'on m'aimait toujours, que le bonheur m'attendait dans ma bien-aimée vallée. Et moi, j'allais me battre, j'allais me faire tuer.

Je me mis à rêver le retour. Je vis mon pauvre vieil oncle sur le seuil de la cure, tendant vers moi ses bras tremblants ; et, derrière lui, il y avait Babet toute rouge, en larmes et souriante. Je me jetais dans leurs bras, je les embrassais en balbutiant...

Brusquement, un roulement de tambour me ramena à la terrible réalité. L'aube était venue, la plaine grise s'élargissait dans les vapeurs du matin. Le sol s'anima, des formes vagues surgirent de toutes parts. Un bruit grandissant emplit l'air ; c'étaient des appels de clairon, des galops de chevaux, des roulements d'artillerie, des cris de commandement. La guerre se dressait, menaçante, au milieu de mon rêve de tendresse.

Je me levai péniblement ; il me sembla que mes os étaient rompus et que ma tête allait se fendre. Je réunis mes hommes à la hâte ; car je dois vous dire que j'avais atteint le grade de sergent. Nous reçûmes bientôt l'ordre de nous porter sur la gauche et d'occuper un petit coteau qui dominait la plaine.

Comme nous étions près de partir, le vaguemestre passa en courant, et cria :

— Une lettre pour le sergent Gourdon !

Et il me remit une lettre froissée, maculée,

qui traînait depuis huit jours peut-être dans les sacs de cuir de l'administration des postes. Je n'eus que le temps de reconnaître l'écriture de mon oncle Lazare.

— En avant, marche! cria le commandant.

Il me fallut marcher. Pendant quelques secondes, je tins ma pauvre lettre à la main, la dévorant des yeux; elle me brûlait les doigts, j'aurais donné tout au monde pour m'asseoir, pour pleurer à mon aise en la lisant. Je dus me décider à la glisser sous ma tunique, contre mon cœur.

Jamais je n'avais éprouvé une angoisse pareille. Je me disais, pour me consoler, ce que mon oncle m'avait répété souvent : j'étais à l'été de ma vie, à l'heure de la lutte ardente, et il me fallait remplir bravement mon devoir, si je voulais avoir un automne paisible et fécond. Mais ces raisonnements m'exaspéraient davantage; cette lettre, qui venait me parler de bonheur, brûlait mon cœur révolté contre la folie de la guerre. Et je ne pouvais même la lire! J'allais mourir peut-être sans savoir ce qu'elle contenait, sans entendre une dernière fois les bonnes paroles de mon oncle Lazare.

Nous étions arrivés sur le coteau. Nous devions

attendre là l'ordre de nous porter en avant. Le champ de bataille se trouvait merveilleusement choisi pour s'égorger à l'aise. L'immense plaine s'étendait toute nue, à plusieurs lieues, sans un arbre, sans une maison. Des haies, des broussailles faisaient de maigres taches sur la blancheur du sol. Jamais je n'ai revu une pareille campagne, une mer de poussière, un sol crayeux, crevé çà et là, montrant ses entrailles brunes. Et jamais non plus, je n'ai revu un ciel d'une pureté si ardente, une si belle et si chaude journée de juillet; à huit heures, l'air embrasé brûlait déjà nos visages. O la splendide matinée, et quelle plaine stérile pour tuer et mourir !

Depuis longtemps la fusillade éclatait avec des bruits secs et irréguliers, appuyée de la voix grave du canon. Les ennemis, des Autrichiens aux vêtements blafards, avaient quitté les hauteurs, et la plaine était sillonnée de longues files d'hommes qui me paraissaient gros comme des insectes. On eût dit une fourmilière en insurrection. Des nuages de fumée traînaient sur le champ de bataille. Par instants, lorsque ces nuages se déchiraient, j'apercevais des soldats qui fuyaient, pris d'une terreur panique. Il y avait ainsi des courants d'effroi qui emportaient les hommes, des

élans de honte et de courage qui les amenaient
sous les balles.

Je ne pouvais entendre les cris des blessés, ni
voir couler le sang. Je distinguais seulement,
pareils à des points noirs, les morts que les ba-
taillons laissaient derrière eux. Je me mis à regarder avec curiosité les mouvements des troupes,
m'irritant contre la fumée qui me cachait une
bonne moitié du spectacle, trouvant une sorte de
plaisir égoïste à me savoir en sûreté, tandis que
les autres mouraient.

Vers neuf heures, on nous fit avancer. Nous
descendîmes le coteau au pas gymnastique, nous
dirigeant vers le centre qui pliait. Le bruit régulier de nos pas me parut funèbre. Les plus braves
d'entre nous haletaient, pâles, les traits tirés.

Je me suis promis de dire la vérité. Aux premiers sifflements des balles, le bataillon s'arrêta
brusquement, tenté de fuir.

— En avant, en avant! criaient les chefs.

Mais nous étions cloués au sol, baissant la tête,
lorsqu'une balle sifflait à nos oreilles. Ce mouvement est instinctif; si la honte ne m'avait retenu,
je me serais jeté à plat ventre dans la poussière.

Devant nous, il y avait un grand rideau de fumée que nous n'osions franchir. Des éclairs rouges

traversaient cette fumée. Et, frémissants, nous n'avancions toujours pas. Mais les balles venaient jusqu'à nous; des soldats tombaient avec un hurlement. Les chefs criaient plus haut :

— En avant, en avant!

Les rangs de derrière, qu'ils poussaient, nous forçaient à marcher. Alors, fermant les yeux, nous prîmes un nouvel élan, nous entrâmes dans la fumée.

Une rage furieuse s'était emparée de nous. Lorsque retentit le cri de : Halte! nous eûmes peine à nous arrêter. Dès qu'on reste immobile, la peur revient, on a des envies de se sauver. La fusillade commença. Nous tirions devant nous, sans viser, trouvant quelque soulagement à envoyer des balles dans la fumée. Je me rappelle que je lâchais mes coups de feu machinalement, les lèvres serrées, les yeux agrandis; je n'avais plus peur, car, à vrai dire, je ne savais plus si j'existais. La seule idée qui me battait dans la tête, était que je tirerais jusqu'à ce que tout fût fini. Mon compagnon de gauche reçut une balle en plein visage et il tomba sur moi; je le repoussai brutalement, essuyant ma joue qu'il avait inondée de sang. Et je me remis à tirer.

Je me souviens encore d'avoir vu notre colonel,

22

M. de Montrevert, ferme et droit sur son cheval,
regardant tranquillement du côté de l'ennemi. Cet
homme me parut gigantesque. Il n'avait pas de
fusil pour se distraire, et sa poitrine s'étalait
toute large au-dessus de nous. De temps à autre,
il abaissait ses regards, il nous criait d'une voix
sèche :

— Serrez les rangs, serrez les rangs !

Nous serrions les rangs comme des moutons,
marchant sur les morts, hébétés, tirant toujours.
Jusque-là, l'ennemi ne nous avait envoyé que des
balles ; un éclat sourd se fit entendre, un boulet
nous emporta cinq hommes. Une batterie, qui devait être en face de nous et que nous ne pouvions
voir, venait d'ouvrir son feu. Les boulets frap-
paient en plein tas, presqu'au même endroit, faisant une trouée sanglante que nous bouchions
sans cesse, avec un entêtement de brutes farouches.

— Serrez les rangs, serrez les rangs ! répétait
froidement le colonel.

Nous donnions de la chair humaine au canon.
A chaque soldat qui tombait, je faisais un pas de
plus vers la mort, je me rapprochais de l'endroit
où les boulets ronflaient sourdement, écrasant les
hommes dont le tour était venu de mourir. Les

cadavres s'amoncelaient à cette place, et bientôt les boulets ne frappèrent plus que dans un tas de chairs meurtries; des lambeaux de membres volaient, à chaque nouveau coup de canon. Nous ne pouvions plus serrer les rangs.

Les soldats hurlaient, les chefs eux-mêmes furent entraînés.

— A la baïonnette, à la baïonnette!

Et, sous une pluie de balles, le bataillon courut avec rage au-devant des boulets. Le rideau de fumée se déchira; sur un petit monticule, nous aperçûmes la batterie ennemie rouge de flammes, qui faisait feu sur nous de toutes les gueules de ses pièces. Mais l'élan était pris, les boulets n'arrêtaient que les morts.

Je courais à côté du colonel Montrevert, dont le cheval venait d'être tué, et qui se battait comme un simple soldat. Brusquement, je fus foudroyé; il me sembla que ma poitrine s'ouvrait et que mon épaule était emportée. Un vent terrible me passa sur la face.

Et je tombai. Le colonel s'abattit à mon côté. Je me sentis mourir, je songeai à mes chères affections, je m'évanouis en cherchant d'une main défaillante la lettre de mon oncle Lazare.

Lorsque je revins à moi, j'étais couché sur le

flanc, dans la poussière. Une stupeur profonde
m'anéantissait. Les yeux grands ouverts, je regardais devant moi, sans rien voir ; il me semblait que je n'avais plus de membres et que mon
cerveau était vide. Je ne souffrais pas, car la vie
paraissait s'en être allée de ma chair.

Un soleil lourd, implacable, tombait sur ma
face comme du plomb fondu. Je ne le sentais pas.
Peu à peu la vie me revint ; mes membres devinrent plus légers, mon épaule seule resta broyée
par un poids énorme. Alors, avec l'instinct d'une
bête blessée, je voulus me mettre sur mon séant.
Je poussai un cri de douleur et je retombai sur le sol.

Mais je vivais maintenant, je voyais, je comprenais. La plaine s'élargissait nue et déserte,
toute blanche au grand soleil. Elle étalait sa désolation sous la sérénité ardente du ciel ; des tas de
cadavres dormaient dans la chaleur, et les arbres
abattus semblaient d'autres morts qui séchaient. Il
n'y avait pas un souffle d'air. Un silence effrayant
sortait des tas de cadavres ; puis, par instants, des
plaintes sourdes qui traversaient ce silence, lui
donnaient un long frisson. A l'horizon, sur les coteaux, de minces nuages de fumée traînaient,
tachaient seuls de gris le bleu éclatant du ciel. La
tuerie continuait sur les hauteurs.

Je pensai que nous étions vainqueurs, je goûtai un plaisir égoïste à me dire que je pourrais mourir en paix dans cette plaine déserte. Autour de moi, la terre était noire. En levant la tête, je vis, à quelques mètres, la batterie ennemie sur laquelle nous nous étions rués. La lutte avait dû être horrible; le monticule était couvert de corps hachés et défigurés; le sang avait coulé si abondamment, que la poussière semblait un large tapis rouge. Au-dessus des cadavres, les canons allongeaient leurs gueules sombres. Je frissonnai, en écoutant le silence de ces canons.

Alors, doucement, avec de précautions infinies, je parvins à me mettre sur le ventre. J'appuyai ma tête sur une grosse pierre tout éclaboussée, et je tirai de ma poitrine la lettre de mon oncle Lazare. Je la posai devant mes yeux; mes larmes m'empêchaient de la lire.

Et le soleil me brûlait le dos, des odeurs âcres de sang me prenaient à la gorge. Je sentais autour de moi la plaine navrante, j'étais comme roidi par la rigidité des morts. C'était dans le silence chaud et nauséabond du meurtre que mon pauvre cœur pleurait.

L'oncle Lazare m'écrivait :

22.

« Mon cher enfant,

« J'apprends que la guerre est déclarée, et j'espère encore que tu recevras ton congé avant l'ouverture de la campagne. Chaque matin, je prie Dieu de t'épargner de nouveaux dangers ; il m'exaucera, il voudra bien que tu puisses un jour me fermer les yeux.

« Ah ! mon pauvre Jean, je deviens vieux, j'ai grand besoin de ton bras. Depuis ton départ, je ne sens plus à mon côté ta jeunesse qui me rendait mes vingt ans. Te souviens-tu de nos promenades du matin dans l'allée de chênes ? Maintenant, je n'ose plus aller sous ces arbres ; je suis seul, j'ai peur. La Durance pleure. Viens vite me consoler, apaiser mes inquiétudes... »

Les sanglots me suffoquaient, je ne pus continuer. A ce moment, un cri déchirant se fit entendre à quelques pas de moi ; je vis un soldat se dresser brusquement, la face contractée ; il leva les bras avec angoisse, et s'abattit sur le sol, où il se tordit dans des convulsions effroyables ; puis, il ne bougea plus.

« J'ai mis mon espoir en Dieu, continuait mon oncle, il te ramènera à Dourgues sain et sauf, nous recommencerons notre douce vie. Laisse-moi rêver tout haut, te dire mes projets d'avenir.

Tu n'iras plus à Grenoble, tu resteras près de moi ; je ferai de mon enfant un fils de la terre, un paysan qui vivra gaiement au milieu des travaux de la campagne.

« Et moi, je me retirerai dans ta ferme. Mes mains tremblantes ne pourront bientôt plus tenir l'hostie. Je ne demande au ciel que deux années d'une pareille existence. Ce sera la récompense des quelques bonnes œuvres que j'ai pu faire. Alors tu me conduiras parfois dans les sentiers de notre chère vallée, où chaque rocher, chaque haie me rappellera ta jeunesse que j'ai tant aimée... »

Je dus m'arrêter de nouveau. J'éprouvai à l'épaule une douleur si vive, que je faillis m'évanouir une seconde fois. Une inquiétude terrible venait de me prendre ; il me semblait que le bruit de la fusillade se rapprochait, et je me disais avec terreur que notre armée reculait peut-être, que dans sa fuite elle allait descendre me passer sur le corps. Mais je ne voyais toujours que les minces nuages de fumée qui traînaient sur les coteaux.

Mon oncle Lazare ajoutait :

« Et nous serons trois à nous aimer. Ah ! mon bien-aimé Jean, comme tu as eu raison de lui donner à boire, un matin, au bord de la Durance. Moi, je redoutais Babet, j'étais de méchante humeur, et maintenant je suis jaloux, car je vois bien que jamais je ne pourrais t'aimer autant qu'elle t'aime. « Dites-lui, me répétait-elle hier en rougissant, que s'il se fait tuer, j'irai me jeter dans la rivière, à l'endroit où il m'a donné à boire. »

« Pour l'amour de Dieu ! ménage ta vie. Il est des choses que je ne puis comprendre, mais je sens bien que le bonheur t'attend ici. J'appelle déjà Babet ma fille ; je la vois à ton bras, dans l'église, orsque je bénirai votre union. Je veux que ce soit là ma dernière messe.

« Babet est une grande et belle fille maintenant. Elle t'aidera dans tes travaux... »

Le bruit de la fusillade s'était éloigné. Je pleurais des larmes douces. Il y avait des plaintes sourdes parmi les soldats qui râlaient entre les roues des canons. J'en apercevais un qui faisait des efforts pour se débarrasser d'un de ses camarades, blessé comme lui, dont le corps lui écrasait la poitrine ; et, comme ce blessé se débattait en se plaignant, le soldat le repoussa brutalement, le fit rouler sur la pente du monticule, où le misérable hurla de douleur. A ce gémissement, une rumeur monta de l'entassement des cadavres. Le soleil, qui baissait, avait des rayons d'un blond fauve. Le bleu du ciel était plus doux.

J'achevai la lettre de mon oncle Lazare.

« Je voulais simplement, disait-il encore, te donner de nos nouvelles, te supplier de venir au plus tôt nous rendre heureux. Et voilà que je pleure, que je bavarde comme un vieil enfant. Espère, mon pauvre Jean, je prie, et Dieu est bon.

« Réponds-moi vite, fixe-moi, s'il est possible, l'époque de ton retour. Nous comptons les semaines, Babet et moi. A bientôt, bonne espérance. »

L'époque de mon retour !... Je baisai la lettre en sanglotant, je crus un instant que j'embrassais Babet et mon oncle. Jamais, sans doute, je ne les reverrais. J'allais mourir comme un chien, dans la poussière, sous le soleil de plomb. Et c'était dans cette plaine désolée, au milieu de râles d'agonie, que mes chères affections me disaient adieu. Un silence bourdonnant m'emplissait les oreilles; je regardais la terre blanche tachée de sang, qui s'étendait déserte jusqu'aux lignes grises de l'horizon. Je répétais : « Il faut mourir. » Alors, je fermai les yeux, j'évoquai le souvenir de Babet et de mon oncle Lazare.

Je ne sais combien je passai de temps dans une sorte de somnolence douloureuse. Mon cœur souffrait autant que ma chair. Des larmes coulaient sur mes joues, lentes et chaudes. Au milieu des cauchemars que me donnait la fièvre, j'entendais un râle pareil à la plainte continue d'un enfant qui souffre. Par instants, je m'éveillais, je regardais le ciel avec étonnement.

Je compris enfin que c'était M. de Montrevert, gisant à quelques pas, qui râlait ainsi. Je l'avais cru mort. Il était couché la face contre terre, les bras écartés. Cet homme avait été bon pour moi ; je me dis que je ne pouvais le laisser mourir ainsi, le visage dans la terre, et je me mis à ramper doucement vers lui.

Deux cadavres nous séparaient. J'eus un instant la pensée de passer sur le ventre de ces morts pour abréger le chemin ; car, à chaque mouvement, mon épaule me faisait horriblement souffrir. Mais je n'osai pas. J'avançai sur les genoux, m'aidant d'une main. Quand je fus arrivé auprès du colonel, je poussai un soupir de soulagement ; il me sembla que j'étais moins seul ; nous allions mourir ensemble, et cette mort partagée ne m'épouvantait plus.

Je voulais qu'il vît le soleil, je le retournai le plus délicatement possible. Quand les rayons tombèrent sur son visage, il souffla fortement ; il ouvrit les yeux. Penché sur lui, j'essayai de lui sourire. Il abaissa de nouveau les paupières ; à ses lèvres qui tremblaient, je compris qu'il avait conscience de ses souffrances.

— C'est vous, Gourdon, me dit-il enfin d'une voix faible ; la bataille est-elle gagnée ?

— Je le crois, colonel, lui répondis-je.

Il y eut un instant de silence. Puis, ouvrant les yeux et me regardant :

— Où êtes-vous blessé ? me demanda-t-il.

— A l'épaule... Et vous, colonel ?

— Je dois avoir le coude broyé... Je me rappelle, c'est le même boulet qui nous a arrangés comme cela, mon garçon.

Il fit un effort pour se remettre sur son séant.

— Ah ! çà, dit-il avec une gaieté brusque, nous n'allons pas coucher ici ?

Vous ne sauriez croire combien cette bonhomie courageuse me donna des forces et de l'espoir. Je me sentais tout autre depuis que nous étions deux à lutter contre la mort.

— Attendez, m'écriai-je, je vais bander votre bras avec mon mouchoir, et nous tâcherons de nous porter l'un l'autre jusqu'à la prochaine ambulance.

— C'est ça, mon garçon... Ne serrez pas trop

fort... Maintenant, prenons-nous chacun par notre bonne main et essayons de nous lever.

Nous nous levâmes en chancelant. Nous avions perdu beaucoup de sang; nos têtes tournaient, nos jambes se dérobaient. On nous aurait pris pour des hommes ivres, trébuchant, nous soutenant, nous poussant, faisant des détours pour éviter les morts. Le soleil se couchait dans une lueur rose, et nos ombres gigantesques dansaient bizarrement sur le champ de bataille. C'était la fin d'un beau jour.

Le colonel plaisantait; des frissons crispaient ses lèvres, ses rires ressemblaient à des sanglots. Je sentais bien que nous allions tomber dans un coin pour ne plus nous relever. Par instants, des vertiges nous prenaient, nous étions obligés de nous arrêter, fermant les yeux. Au fond de la plaine, les ambulances faisaient de petites taches grises sur la terre sombre.

Nous heurtâmes un gros caillou, et nous fûmes renversés l'un sur l'autre. Le colonel jura comme un païen. Nous essayâmes de marcher à quatre pattes, en nous accrochant aux ronces. Nous fîmes ainsi, sur les genoux, une centaine de mètres. Mais nos genoux saignaient.

— J'en ai assez, dit le colonel en se couchant;

on viendra me ramasser si l'on veut. Dormons.

J'eus encore la force de me dresser à demi et de crier de tout le souffle qui me restait. Des hommes passaient au loin, ramassant les blessés ; ils accoururent, ils nous couchèrent côte à côte sur une civière.

— Mon camarade, me dit le colonel pendant le trajet, la mort ne veut pas de nous. Je vous dois la vie, je m'acquitterai de ma dette, le jour où vous aurez besoin de moi... Donnez-moi votre main.

Je mis ma main dans la sienne, et c'est ainsi que nous arrivâmes aux ambulances. On avait allumé des torches ; les chirurgiens coupaient et sciaient, au milieu de hurlements épouvantables ; une odeur fade s'exhalait des linges ensanglantés, tandis que les torches jetaient dans les cuvettes des moires d'un rose sombre.

Le colonel supporta courageusement l'amputation de son bras ; je vis seulement ses lèvres blanchir et ses yeux se voiler. Quand mon tour fut venu, un chirurgien me visita l'épaule.

— C'est un boulet qui vous a fait cela, dit-il, deux centimètres plus bas, et vous aviez l'épaule emportée. La chair seule a été meurtrie.

Et, comme je demandais à l'aide qui me pansait si ma blessure était grave :

— Grave ! me répondit-il en riant, vous en avez pour trois semaines à garder le lit et à vous refaire du sang.

Je me tournai contre le mur, ne voulant pas laisser voir mes larmes. Et j'aperçus des yeux du cœur Babet et mon oncle Lazare qui me tendaient les bras. J'en avais fini avec les luttes sanglantes de ma journée d'été.

III

AUTOMNE.

Il y avait près de quinze ans que j'avais épousé Babet dans la petite église de mon oncle Lazare. Nous avions demandé le bonheur à notre chère vallée. Je m'étais fait cultivateur ; la Durance, ma première amante, était maintenant pour moi une bonne mère qui semblait se plaire à rendre mes champs gras et fertiles. Peu à peu, appliquant les méthodes nouvelles de culture, je devenais un des plus riches propriétaires du pays.

A la mort des parents de ma femme, nous avions acheté l'allée de chênes et les prairies qui s'étendaient le long de la rivière. J'avais fait bâtir sur ce terrain une habitation modeste qu'il nous fallut bientôt agrandir ; chaque année, je trouvais moyen d'arrondir nos terres de quelque champ voisin, et nos greniers étaient trop étroits pour nos moissons.

Ces quinze premières années furent simples et heureuses. Elles s'écoulèrent dans une joie sereine, et elles n'ont laissé en moi que le souvenir vague d'un bonheur calme et continu. Mon oncle Lazare avait réalisé son rêve en se retirant chez nous ; son grand âge ne lui permettait même plus de lire chaque matin son bréviaire ; il regrettait parfois sa chère église, il se consolait en allant rendre visite au jeune vicaire qui l'avait remplacé. Dès le lever du soleil, il descendait de la petite chambre qu'il occupait, et souvent il m'accompagnait aux champs, se plaisant au grand air, retrouvant une jeunesse au milieu des senteurs fortes de la campagne.

Une seule tristesse nous faisait soupirer parfois. Dans la fécondité qui nous entourait, Babet restait stérile. Bien que nous fussions trois à nous aimer, certains jours, nous nous trouvions trop seuls : nous aurions voulu avoir dans nos jambes une tête blonde qui nous eût tourmentés et caressés.

L'oncle Lazare avait une peur terrible de mourir avant d'être grand-oncle. Il était redevenu enfant, il se désolait de ce que Babet ne lui donnait pas un camarade qui aurait joué avec lui. Le jour où ma femme nous confia en hésitant que nous

allions sans doute être bientôt quatre, je vis le
cher oncle tout pâle, se retenant pour ne pas pleurer. Il nous embrassa, songeant déjà au baptème,
parlant de l'enfant comme s'il était âgé de trois
ou quatre ans.

Et les mois passèrent dans une tendresse recueillie. Nous parlions bas entre nous, attendant quel-
qu'un. Je n'aimais plus Babet, je l'adorais à mains
jointes, je l'adorais pour deux, pour elle et pour
le petit.

Le grand jour approchait. J'avais fait venir de
Grenoble une sage-femme qui ne quittait plus la
ferme. L'oncle était dans des transes horribles; il
n'entendait rien à de pareilles aventures, il alla
jusqu'à me dire qu'il avait eu tort de se faire prêtre et qu'il regrettait beaucoup de n'être pas médecin.

Un matin de septembre, vers six heures, j'entrai
dans la chambre de ma chère Babet qui sommeil-
lait encore. Son visage souriant reposait paisible-
ment sur la toile blanche de l'oreiller. Je me penchai, retenant mon souffle. Le ciel me comblait
de ses biens. Je songeai tout à coup à cette journée d'été où je râlais dans la poussière, et je sentis
en même temps, autour de moi, le bien-être du
travail, la paix du bonheur. Ma brave femme

23.

dormait, toute rose, au milieu de son grand lit;
tandis que la chambre entière me rappelait nos
quinze années de tendresse.

J'embrassai doucement Babet sur les lèvres. Elle
ouvrit les yeux, me sourit, sans parler. J'avais
des envies folles de la prendre dans mes bras, de
la serrer contre mon cœur; mais, depuis quelque
temps, j'osais à peine lui presser la main, tant elle
me semblait fragile et sacrée.

Je m'assis sur le bord de la couche, et, à voix
basse :

— Est-ce pour aujourd'hui? lui demandai-je.

— Non, je ne crois pas, me répondit-elle... Je
rêvais que j'avais un garçon : il était déjà très-
grand et portait d'adorables petites moustaches
noires... L'oncle Lazare me disait hier qu'il l'avait
aussi vu en rêve.

Je commis une grosse maladresse.

— Je connais l'enfant mieux que vous, repris-je.
Je le vois chaque nuit. C'est une fille...

Et comme Babet se tournait vers la muraille,
près de pleurer, je compris ma bêtise, je me hâtai
d'ajouter :

— Quand je dis une fille... je ne suis pas bien
sûr. Je vois l'enfant tout petit, avec une longue
robe blanche... C'est certainement un garçon.

Babet m'embrassa pour cette bonne parole.

— Va surveiller les vendanges, reprit-elle. Je me sens calme, ce matin.

— Tu me ferais prévenir s'il arrivait quelque chose?

— Oui, oui... Je suis très-lasse. Je vais encore dormir. Tu ne m'en veux pas de ma paresse?...

Et Babet ferma les yeux, languissante et attendrie. Je restai penché sur elle, recevant au visage le souffle tiède de ses lèvres. Elle s'endormit peu à peu, sans cesser de sourire. Alors, je dégageai ma main de la sienne avec des précautions infinies; je travaillai pendant cinq minutes pour mener à bien cette besogne délicate. Puis, je posai sur son front un baiser qu'elle ne sentit pas, et je me retirai, palpitant, le cœur débordant d'amour.

Je trouvai, en bas, dans la cour, mon oncle Lazare qui regardait avec inquiétude la fenêtre de la chambre de Babet. Dès qu'il m'aperçut :

— Eh bien! me demanda-t-il, est-ce pour aujourd'hui?

Depuis un mois il m'adressait régulièrement cette question chaque matin.

— Il paraît que non, lui répondis-je. Venez-vous avec moi voir vendanger?

Il alla chercher sa canne, et nous descendîmes l'allée de chênes. Lorsque nous fûmes au bout de l'allée, sur cette terrasse qui dominait la Durance, nous nous arrêtâmes tous deux, regardant la vallée.

De petits nuages blancs frissonnaient dans le ciel pâle. Le soleil avait des rayons blonds qui jetaient comme une poussière d'or sur la campagne, dont la nappe jaune s'étendait toute mûre, n'ayant plus les lumières ni les ombres énergiques de l'été. Les feuillages doraient, par larges plaques, la terre noire. La rivière coulait plus lente, lasse d'avoir fécondé les champs pendant une saison. Et la vallée restait calme et forte. Elle portait déjà les premières rides de l'hiver, mais son flanc gardait la chaleur de ses derniers enfantements, étalant ses formes amples, dépouillée des herbes folles du printemps, plus orgueilleusement belle de cette seconde jeunesse de la femme qui a fait œuvre de vie.

Mon oncle Lazare resta silencieux ; puis, se tournant vers moi :

— Te souviens-tu ? Jean, me dit-il, il y a plus de vingt ans, je t'ai conduit ici par une jeune matinée de mai. Ce jour-là, je t'ai montré la vallée prise d'une activité folle, travaillant aux fruits de l'automne. Regarde : la vallée vient encore une fois d'achever son travail.

— Je me souviens, cher oncle, répondis-je. J'avais grand'peur ce jour-là ; mais vous étiez bon, et votre leçon fut convaincante. Je vous dois toutes mes joies.

— Oui, tu en es à l'automne, tu as travaillé et tu récoltes. L'homme, mon enfant, a été créé à l'image de la terre. Et, comme la mère commune, nous sommes éternels : les feuilles vertes renaissent chaque année des feuilles sèches ; moi, je renais en toi, et toi, tu renaîtras dans tes enfants. Je te dis cela pour que la vieillesse ne t'effraye pas, pour que tu saches mourir en paix, comme meurt cette verdure, qui repoussera de ses propres germes au printemps prochain.

J'écoutais mon oncle, et je songeais à Babet, qui dormait dans son grand lit de toile blanche. La chère créature allait enfanter, à l'image de ce sol puissant qui nous avait donné la fortune. Elle aussi en était à l'automne : elle avait le sourire fort, l'ampleur sereine de la vallée. Je croyais la voir sous le soleil blond, lasse et heureuse, trouvant une généreuse volupté à être mère. Et je ne savais plus si mon oncle Lazare me parlait de ma chère vallée ou de ma chère Babet.

Nous montâmes lentement sur les coteaux.
En bas, le long de la Durance, étaient les
prairies, de larges tapis d'un vert cru; puis
venaient des terres jaunes que, çà et là, les
oliviers grisâtres et les maigres amandiers coupaient en allées largement espacées; puis, tout
en haut, se trouvaient les vignes, des souches puissantes dont les ceps traînaient sur le
sol.

Dans le midi de la France, on traite la vigne en
rude commère, et non en délicate demoiselle,
comme dans le nord. Elle pousse un peu à l'aventure, selon le bon plaisir de la pluie et du soleil.
Les souches, alignées sur deux rangs, en longues
files, jettent autour d'elles des jets d'une verdure
sombre. Dans les intervalles, on sème du blé ou
de l'avoine. Un vignoble ressemble à une immense pièce d'étoffe rayée, faite de la bande
verte des pampres et du ruban jaune des
chaumes.

Des hommes et des femmes, accroupis dans les
vignes, coupaient les grappes de raisin, qu'ils jetaient ensuite au fond de grands paniers. Nous
marchions lentement, mon oncle et moi, le long
des allées de chaume. Lorsque nous passions, les
vendangeurs tournaient la tête et nous saluaient.

Mon oncle s'arrêtait parfois pour causer avec les plus vieux des travailleurs.

— Hé! père André, disait-il, le raisin est-il bien mûr, le vin sera-t-il bon, cette année?

Et les paysans, levant leurs bras nus, montraient au soleil de longues grappes d'un noir d'encre, dont les grains pressés semblaient éclater d'abondance et de force.

— Voyez, monsieur le curé, criaient-ils, ce sont là les petites. Il y en a qui pèsent plusieurs livres. Voici dix ans que nous n'avions eu une pareille besogne.

Puis, ils rentraient dans les feuilles. Leurs vestes brunes faisaient des taches sur la verdure. Et les femmes, nu-tête, ayant au cou un mince fichu bleu, se courbaient en chantant. Il y avait des enfants qui se roulaient au soleil, dans les chaumes, poussant des rires aigus, égayant de leur turbulence l'atelier en plein air. Au bord du champ, de grosses charrettes immobiles attendaient le raisin; elles se détachaient sur le ciel clair, tandis que des hommes allaient et venaient sans cesse, portant les paniers pleins, rapportant les paniers vides.

Je l'avoue, au milieu de ce champ, il me vint des pensées d'orgueil. J'entendais la terre enfanter sous mes pas; la vie mûre et toute-puissante cou-

lait dans les veines de la vigne, et chargeait l'air
de souffles larges. Un sang chaud battait dans ma
chair, j'étais comme soulevé par la fécondation
qui débordait du sol et qui montait en moi. Le
labeur de ce peuple d'ouvriers était mon œuvre,
ces vignes étaient mes enfants; cette campagne
entière devenait ma famille plantureuse et obéis-
sante. J'avais plaisir à sentir mes pieds s'enfoncer
dans la terre grasse.

Alors, j'embrassai d'un coup d'œil les terrains
qui descendaient jusqu'à la Durance, et je possé-
dai ces vignobles, ces prés, ces chaumes, ces oliviers. La maison blanchissait à côté de l'allée de
chênes; la rivière semblait une frange d'argent
posée au bord du grand manteau vert de mes pâ-
turages. Je crus un instant que ma taille grandissait, qu'en étendant les bras, j'allais pouvoir
serrer contre ma poitrine la propriété entière,
les arbres et les prairies, la maison et les terres
labourées.

Et comme je regardais, je vis, dans l'étroit sentier qui montait le coteau, une de nos servantes
courant à perdre haleine. Elle se heurtait aux cailloux, emportée par son élan, agitant les deux bras,
nous appelant de ses gestes éperdus. Une émotion
inexprimable me prit à la gorge.

— Mon oncle, mon oncle! criai-je, voyez donc courir Marguerite... Je crois que c'est pour aujourd'hui.

Mon oncle Lazare devint tout pâle. La servante était enfin arrivée sur le plateau; elle venait à nous, en sautant par-dessus les vignes. Quand elle fut devant moi, l'haleine lui manqua; elle étouffait, appuyant les mains sur sa poitrine.

— Parlez donc! lui dis-je. Qu'arrive-t-il?

Elle poussa un gros soupir, fit aller les mains, put enfin prononcer ce seul mot :

— Madame...

Je n'attendis pas davantage.

— Venez, venez vite, oncle Lazare! Ah! ma pauvre et chère Babet!

Et je descendis le sentier, lancé à me briser es os. Les vendangeurs, qui s'étaient mis debout, me regardaient courir en souriant. L'oncle Lazare, ne pouvant me rejoindre, agitait sa canne avec désespoir.

— Hé! Jean, que diable! criait-il, attends- moi. Je ne veux pas arriver le dernier.

Mais je n'entendais plus l'oncle Lazare, je courais toujours.

J'arrivai à la ferme, haletant, plein de terreur et d'espérance. Je montai rapidement l'escalier, je frappai du poing à la porte de Babet, riant, pleurant, la tête perdue. La sage-femme entre-bâilla la porte, pour me dire d'un ton fâché de ne point faire tant de bruit. Je demeurai désespéré et honteux.

— Vous ne pouvez entrer, ajouta-t-elle. Allez attendre dans la cour.

Et comme je ne bougeais pas :

— Tout va bien, continua la sage-femme. Je vous appellerai.

La porte se referma. Je restai droit devant elle, ne me décidant pas à descendre. J'entendais Babet se plaindre d'une voix brisée. Et, comme j'étais là, elle poussa un cri déchirant qui me frappa comme une balle en pleine poitrine. Il me prit une envie irrésistible d'enfoncer la porte d'un coup d'épaule. Pour ne pas céder à cette envie, je mis les mains à mes oreilles, je me précipitai follement dans l'escalier.

Je trouvai dans la cour mon oncle Lazare qui arrivait tout essoufflé. Le cher homme fut obligé de s'asseoir sur la margelle du puits.

— Eh bien! me demanda-t-il, où est l'enfant?

— Je ne sais pas, répondis-je ; on m'a mis à la porte... Babet souffre et pleure.

Nous nous regardâmes, n'osant prononcer une

parole. Nous tendions l'oreille avec angoisse, nous
ne quittions pas des yeux la fenêtre de Babet,
cherchant à voir au travers des petits rideaux
blancs. L'oncle, tremblant, restait immobile, les
deux mains appuyées fortement sur sa canne ;
moi, pris de fièvre, je marchais devant lui à grands
pas. Par moments, nous échangions des sourires
inquiets.

Les charrettes des vendangeurs arrivaient une
à une. Les paniers de raisin étaient posés contre
un des murs de la cour, et des hommes, les jambes nues, foulaient les grappes sous leurs pieds,
dans des auges de bois. Les mulets hennissaient,
les charretiers juraient, tandis que le vin tombait avec des bruits sourds au fond de la cuve.
Des odeurs âcres montaient dans l'air tiède.

Et j'allais toujours de long en large, comme
grisé par ces odeurs. Ma pauvre tête éclatait, je
songeais à Babet, en regardant couler le sang du
raisin. Je me disais avec une joie toute physique
que mon enfant naissait à l'époque féconde de la
vendange, dans les senteurs du vin nouveau.

L'impatience me torturait, je montai de nouveau. Mais je n'osai frapper, je collai mon oreille
contre le bois de la porte, et j'entendis les plaintes
de Babet, qui sanglotait tout bas. Alors le cœur me

manqua, je maudis la souffrance. L'oncle Lazare, qui était doucement monté derrière moi, dut me ramener dans la cour. Il voulut me distraire, il me dit que le vin serait excellent; mais il parlait sans s'écouter lui-même. Et, par instants, nous nous taisions tous deux, écoutant avec anxiété une plainte plus prolongée de Babet.

Peu à peu, les cris s'adoucirent, ce ne fut plus qu'un murmure douloureux, une voix d'enfant qui s'endort en pleurant. Puis, un grand silence se fit. Bientôt ce silence me causa une épouvante indicible. La maison me paraissait vide, maintenant que Babet ne sanglotait plus. J'allais monter, lorsque la sage-femme ouvrit sans bruit la fenêtre. Elle se pencha, et, me faisant signe de la main :

— Venez, me dit-elle.

Je montai lentement, goûtant des joies plus profondes à chaque marche. Mon oncle Lazare frappait déjà à la porte, que j'étais encore au milieu de l'escalier, prenant une sorte de plaisir étrange à retarder le moment où j'embrasserais ma femme.

Sur le seuil je m'arrêtai, le cœur battant à grands coups. Mon oncle était penché sur le berceau. Babet, toute blanche, les yeux fermés, semblait dormir. J'oubliai l'enfant, j'allai droit à

Babet, je pris sa chère tête entre mes mains. Les larmes n'avaient pas séché sur ses joues, et ses lèvres, encore frémissantes, souriaient, trempées de pleurs. Elle leva paresseusement les paupières. Elle ne me parla pas, mais je l'entendis me dire : « J'ai bien souffert, mon brave Jean, mais j'étais si heureuse de souffrir ! Je te sentais en moi. »

Alors, je me penchai, je baisai les yeux de Babet, je bus ses larmes. Elle riait doucement, elle s'abandonnait avec une langueur caressante. La fatigue la tenait endolorie. Elle dégagea lentement ses mains du drap de lit, et, me prenant par le cou, approchant sa bouche de mon oreille :

— C'est un garçon, murmura-t-elle d'une voix faible, avec un air de triomphe.

Ce furent là les premiers mots qu'elle prononça après la terrible crise qui venait de la secouer.

— Je savais bien que ce serait un garçon, continua-t-elle, je voyais l'enfant chaque nuit... Donne-le moi, couche-le à mon côté.

Je me tournai, et je vis la sage-femme et mon oncle se quereller. La sage-femme avait toutes les peines du monde à empêcher l'oncle Lazare de prendre le petit entre ses bras. Il voulait le bercer.

24.

Je regardai l'enfant que la mère m'avait fait oublier. Il était tout rose. Babet disait avec convic-
tion qu'il me ressemblait ; la sage-femme trouvait
qu'il avait les yeux de sa mère ; moi je ne savais
pas, j'étais ému jusqu'aux larmes, j'embrassai le
cher petit comme du pain, croyant encore embrasser Babet.

Je posai l'enfant sur le lit. Il poussait des cris continus qui nous semblaient être une musique céleste.
Je m'assis sur le bord de la couche, mon oncle se
mit dans un grand fauteil, et Babet, lasse et sereine, couverte jusqu'au menton, resta les paupières levées, les yeux souriants.

La fenêtre était ouverte toute grande. L'odeur
du raisin entrait avec les tiédeurs de la douce
après-midi d'automne. On entendait les piétine-
ments des vendangeurs, les secousses des charrettes, les claquements des fouets ; par moments,
montait la chanson aiguë d'une servante qui traversait la cour. Tous ces bruits s'adoucissaient
dans la sérénité de cette chambre, encore émue
des sanglots de Babet. Et la fenêtre taillait en plein
ciel et en pleine campagne une large bande de pay-
sage. Nous apercevions l'allée de chênes dans sa
longueur ; puis là Durance, comme un ruban de
satin blanc, passait au milieu de l'or et de la pour-

pre des feuillages ; tandis que, au-dessus de ce coin de terre, un ciel pâle, bleu et rose, creusait ses limpides profondeurs.

C'est dans le calme de cet horizon, dans les exhalaisons de la cuve, dans les joies du travail et de l'enfantement, que nous causions tous trois, Babet, l'oncle Lazare et moi, en regardant le cher petit nouveau-né.

— Oncle Lazare, disait Babet, quel nom donnerez-vous à l'enfant ?

— La mère de Jean s'appelait Jacqueline, répondit l'oncle, je nommerai l'enfant Jacques.

— Jacques, Jacques, répéta Babet... Oui, c'est un joli nom... Et, dites-moi, que ferons-nous de ce petit homme : un curé ou un soldat, un monsieur ou un paysan ?

Je me mis à rire.

— Nous avons le temps de songer à cela, lui dis-je.

— Mais non, reprit Babet presque fâchée, il grandira vite. Vois comme il est fort. Ses yeux parlent déjà.

Mon oncle Lazare pensait absolument comme ma femme. Il reprit d'un ton grave :

— N'en faites ni un prêtre ni un soldat, à moins

que le garçon n'ait une vocation irrésistible... En
faire un monsieur, cela est grave...

Babet, anxieuse, me regardait. La chère femme
n'avait pas un brin d'orgueil pour elle ; mais,
comme toutes les mères, elle eût voulu être humble et fière devant son fils. J'aurais juré qu'elle le
voyait déjà notaire ou médecin. Je l'embrassai, je
lui dis doucement :

— Je désire que l'enfant habite notre chère vallée. Un jour, il trouvera, au bord de la Durance,
une Babet de seize ans, à laquelle il offrira à boire.
Souviens-toi, mon amie... La campagne nous a
donné la paix : notre fils sera paysan comme nous,
heureux comme nous.

Babet, tout émue, m'embrassa à son tour. Elle
regarda par la fenêtre les feuillages et la rivière,
les prairies et le ciel ; puis, en souriant :

— Tu as raison, Jean, me dit-elle. Ce pays a
été bon pour nous, il le sera pour notre petit Jacques... Oncle Lazare, vous serez le parrain d'un
fermier.

L'oncle Lazare, approuva de la tête, d'un signe
las et affectueux. Depuis un instant, je l'examinais,
et je voyais ses yeux se voiler, ses lèvres pâlir.
Renversé dans le fauteuil, en face de la fenêtre
ouverte, il avait posé ses mains blanches sur ses

genoux, il regardait fixement le ciel d'un air d'extase recueillie.

Je fus pris d'inquiétude.

— Souffrez-vous, oncle Lazare? lui demandai-je. Qu'avez-vous?... Répondez, par grâce.

Il leva doucement une de ses mains, comme pour me prier de parler plus bas; puis il la laissa retomber, et, d'une voix faible :

— Je suis brisé, dit-il. A mon âge, le bonheur est mortel... Ne faites pas de bruit... Il me semble que ma chair est devenue toute légère : je ne sens plus mes jambes ni mes bras.

Babet, effrayée, se souleva, regardant l'oncle Lazare. Je me mis à genoux devant lui, le contemplant avec anxiété. Lui, souriait.

— Ne vous épouvantez pas, reprit-il. Je n'éprouve aucune souffrance; une douceur descend en moi, je crois que je vais m'endormir d'un sommeil juste et bon... Cela vient de me prendre tout d'un coup, et je remercie Dieu. Ah ! mon pauvre Jean, j'ai trop couru dans le sentier du coteau, l'enfant m'a donné trop de joie.

Et comme nous comprenions, comme nous éclations en sanglots, l'oncle Lazare continua, sans cesser de regarder le ciel :

— Ne gâtez pas ma joie, je vous en supplie... Si

vous saviez combien je suis heureux de m'endormir pour toujours dans ce fauteuil! Jamais je n'ai
osé rêver une mort si consolante. Toutes mes tendresses sont là, à mes côtés... Et voyez quel ciel
bleu! Dieu m'envoie une belle soirée.

Le soleil se couchait derrière l'allée de chênes.
Les rayons obliques jetaient des nappes d'or sous
les arbres qui prenaient des tons de vieux cuivre.
Au loin, la campagne verte se perdait dans une sérénité vague. L'oncle Lazare s'affaiblissait de plus
en plus, en face de ce silence attendri, de ce coucher de soleil, apaisé, entrant par la fenêtre ouverte. Il s'éteignait lentement, comme ces lueurs
légères qui pâlissaient sur les hautes branches.

— Ah! ma bonne vallée, murmura-t-il, tu me
fais de tendres adieux... J'avais peur de mourir
l'hiver, lorsque tu es toute noire.

Nous retenions nos larmes, nous ne voulions pas
troubler cette mort si sainte. Babet priait à voix
basse. L'enfant jetait toujours de légers cris.

Mon oncle Lazare entendit ces cris, dans le rêve
de son agonie. Il essaya de se tourner vers Babet,
et, souriant encore :

—J'ai vu l'enfant, dit-il, je meurs bien heureux.

Alors, il regarda le ciel pâle, la campagne blonde,
et, renversant la tête, il poussa un faible soupir.

Aucun frisson ne secoua le corps de l'oncle Lazare;
il entra dans la mort comme on entre dans le
sommeil.

Une telle douceur s'était faite en nous, que nous
restâmes muets, sans larmes. Nous n'éprouvions
qu'une tristesse sereine en face de tant de simplicité dans la mort. Le crépuscule tombait, les
adieux de l'oncle Lazare nous laissaient con-
fiants, ainsi que les adieux du soleil qui meurt
le soir pour renaître le matin.

Telle fut ma journée d'automne, qui me donna
un fils et qui emporta mon oncle Lazare dans la
paix du crépuscule.

IV

HIVER.

Janvier a de sinistres matinées, qui glacent le cœur. Au réveil, ce jour-là, je fus pris d'une inquiétude vague. Pendant la nuit, le dégel était venu, et, lorsque, du seuil de la porte, je regardai la campagne, elle m'apparut comme un immense haillon d'un gris sale, souillé de boue, troué de déchirures.

Un rideau de brouillard cachait les horizons. Dans ce brouillard, les chênes de l'allée dressaient lugubrement leurs bras noirs, pareils à une rangée de spectres gardant l'abîme de vapeur qui se creusait derrière eux. Les terres étaient défoncées, couvertes de flaques d'eau, le long desquelles traînaient des lambeaux de neige salie. Au loin, la grande voix de la Durance s'enflait.

L'hiver est d'une vigueur saine, lorsque le ciel est clair et que la terre est dure. L'air pince les oreilles, on marche gaillardement dans les sentiers gelés qui sonnent sous les pas avec des bruits d'argent. Les champs s'élargissent, propres et nets, blancs de glace, jaunes de soleil. Mais je ne sais rien de plus attristant que ces temps fades de dégel; je hais les brouillards dont l'humidité pèse aux épaules.

Je frissonnai devant ce ciel cuivré; je me hâtai de rentrer, décidé à ne point aller aux champs, ce jour-là. Il ne manquait pas de travail dans l'intérieur de la ferme.

Jacques était levé depuis longtemps. Je l'entendais siffler sous un hangar, où il donnait un coup de main à des hommes qui enlevaient des sacs de blé. Le garçon avait déjà dix-huit ans; c'était un grand gaillard, aux bras forts. Il n'avait pas eu un oncle Lazare pour le gâter et lui apprendre le latin, il n'allait point rêver sous les saules de la rive. Jacques était devenu un vrai paysan, un travailleur infatigable, qui se fâchait, lorsque je touchais à quelque chose, me disant que je me faisais vieux et que je devais me reposer.

Et, comme je le regardais de loin, un être doux et léger, qui me sauta sur les épaules, posa ses petites mains sur mes yeux, en me demandant:

— Qui est-ce?

Je me mis à rire.

— C'est, répondis-je, la petite Marie, que sa mère vient d'habiller.

La chère fillette allait avoir dix ans, et, depuis dix ans, elle était la joie de la ferme. Venue la dernière, à une époque où nous n'espérions plus avoir d'enfant, elle était doublement aimée. Sa santé chancelante nous la rendait chère. On la traitait en demoiselle; sa mère voulait absolument en faire une dame, et je n'avais pas le courage de vouloir autre chose, tant la petite Marie était mignonne, dans ses belles jupes de soie ornées de rubans.

Marie n'était pas descendue de mes épaules.

— Maman, maman, criait-elle, viens donc voir; je joue au cheval.

Babet, qui entrait, eut un sourire. Ah! ma pauvre Babet, comme nous étions vieux! Je me souviens que nous grelottions de lassitude, ce jour-là, en nous regardant d'un air triste, lorsque nous étions seuls. Nos enfants nous rendaient notre jeunesse.

Le déjeuner fut silencieux. Nous avions été obligés d'allumer la lampe. Les clartés rousses qui traînaient dans la pièce, étaient d'une tristesse à mourir.

— Bah! disait Jacques, il vaut mieux cette pluie tiède qu'un grand froid qui gèlerait nos oliviers et nos vignes.

Et il essayait de plaisanter. Mais il était inquiet comme nous, sans savoir pourquoi. Babet avait fait de mauvais rêves. Nous écoutions le récit de ses cauchemars, riant des lèvres, le cœur serré.

— C'est le temps qui nous met l'âme à l'envers, dis-je pour rassurer tout le monde.

— Oui, oui, c'est le temps, se hâta de reprendre Jacques. Je vais mettre quelques sarments dans le feu.

Une flambée joyeuse jeta de larges nappes de lumière contre les murs. Les ceps brûlaient avec des pétillements, laissant des brasiers roses. Nous nous étions assis devant la cheminée; l'air, au dehors, était tiède; mais, dans l'intérieur de la ferme, il tombait des plafonds une humidité glaciale. Babet avait pris la petite Marie sur ses genoux; elle causait tout bas avec elle, s'égayant de son babil d'enfant.

— Venez-vous, père? me demanda Jacques. Nous allons visiter les caves et les greniers.

Je sortis avec lui. Depuis quelques années, les récoltes devenaient mauvaises. Nous subissions

de grosses perles : nos vignes, nos arbres étaient
surpris par les froids; la grêle hachait nos blés
et nos avoines. Et je disais parfois que je devenais vieux, que la fortune, qui est femme,
n'aime pas les vieillards. Jacques riait, en me
répondant qu'il était jeune, lui, et qu'il allait
faire la cour à la fortune.

J'en étais à l'hiver, à la saison froide. Je sentais
bien que tout mourait autour de moi. A chaque
gaieté qui s'en allait, je songeais à l'oncle Lazare,
qui était resté si calme dans la mort; je demandais des forces à son cher souvenir.

Vers trois heures, le jour tomba complétement.
Nous descendîmes dans la salle commune. Babet
cousait au coin de la cheminée, la tête penchée;
la petite Marie, assise par terre, en face du feu,
habillait gravement une poupée. Jacques et moi,
nous nous étions mis devant un bureau d'acajou,
qui nous venait de l'oncle Lazare; nous nous
occupions à vérifier nos comptes.

La fenêtre était comme murée; le brouillard,
collé aux vitres, bâtissait une véritable muraille
de ténèbres. Derrière cette muraille, se creusait
le vide, l'inconnu. Seule, une clameur large, une
voix haute, qui emplissait l'ombre, s'élevait dans
le silence.

Nous avions congédié les travailleurs, ne gardant avec nous que notre vieille servante Marguerite. Quand je levais la tête et que j'écoutais, il me semblait que la ferme se trouvait suspendue au milieu d'un gouffre. Aucun bruit humain ne venait du dehors, je n'entendais que la clameur de l'abîme. Alors je regardais ma femme et mes enfants, j'avais les lâchetés des vieilles gens qui se sentent trop faibles pour protéger ceux qui les entourent contre les périls inconnus.

La clameur devint plus rauque, et il nous sembla qu'on heurtait à la porte. Au même instant, les chevaux de l'écurie se mirent à hennir furieusement, les bestiaux poussèrent des beuglements étouffés. Nous nous étions tous levés, pâles d'inquiétude. Jacques se précipita vers la porte, l'ouvrit toute grande.

Un flot d'eau trouble entra brusquement et s'étala dans la pièce.

La Durance débordait. C'était elle qui jetait la clameur s'élargissant au loin depuis le matin. Les neiges fondaient dans les montagnes, chaque coteau était devenu un torrent qui enflait la rivière. Le rideau de brouillard nous avait caché cette crue soudaine.

Souvent, dans les hivers rigoureux, en temps

de dégel, l'eau était ainsi montée jusqu'à la porte de la ferme. Mais jamais le flot n'avait grandi si rapide. Par la porte ouverte, nous apercevions la cour transformée en lac. Nous avions déjà de l'eau jusqu'aux chevilles.

Babet avait soulevé la petite Marie, qui pleurait en serrant sa poupée contre sa poitrine. Jacques voulait aller ouvrir les portes des écuries et des étables; mais sa mère, le retenant par ses vêtements, le supplia de ne point sortir. L'eau montait toujours. Je poussai Babet vers l'escalier.

— Vite, vite, allons dans les chambres, criai-je.

Et je forçai Jacques à passer devant moi. Je quittai le rez-de-chaussée le dernier.

Marguerite, terrifiée, descendit du grenier où elle se trouvait. Je la fis asseoir au fond de la pièce, à côté de Babet, qui restait silencieuse, pâle, les yeux suppliants. Nous avions couché la petite Marie dans le lit; elle n'avait pas voulu se séparer de sa poupée, elle s'endormait doucement, en la serrant entre ses bras. Ce sommeil de l'enfant me soulageait; lorsque je me tournais et que je voyais Babet, écoutant le souffle régulier de la fillette, j'oubliais le danger, je n'entendais plus l'eau qui battait les murs.

Mais nous ne pouvions, Jacques et moi, nous

empêcher de regarder le péril en face. L'anxiété
nous poussait à nous rendre compte des progrès
de l'inondation. Nous avions ouvert la fenêtre
toute grande, nous nous penchions au risque de
tomber, nous interrogions la nuit. Le brouillard,
plus épais, traînait sur l'eau, suant une pluie fine
qui nous pénétrait de frissons. De vagues reflets
d'acier indiquaient seuls la nappe mouvante, au
fond des ténèbres. En bas, dans la cour, le flot
clapotait, montant le long des murailles avec des
ondulations douces. Et nous n'entendions toujours
que la colère de la Durance et que l'épouvante des
chevaux et des bestiaux.

Les hennissements, les beuglements de ces pauvres bêtes me fendaient l'âme. Jacques m'interro-
geait du regard ; il aurait voulu tenter de les dé-
livrer. Bientôt leurs plaintes d'agonie devinrent
lamentables, et un grand craquement se fit entendre. Les bœufs venaient de briser les portes de
l'étable. Nous les vîmes passer devant nous, em-
portés par les eaux, roulés dans le courant. Et ils
disparurent dans la clameur de la rivière.

Alors la colère me prit à la gorge, je devins
comme fou, je montrai le poing à la Durance. Debout devant la fenêtre, je l'insultais.

— Mauvaise ! criai-je au milieu du vacarme des

eaux, je t'ai aimée d'amour, tu as été ma première maîtresse, et tu me voles aujourd'hui, tu viens ébranler ma ferme et emporter mes bestiaux. Ah ! maudite, maudite!... Puis, tu m'as donné Babet, tu t'es promenée avec douceur au bord de mes prés. Moi, je croyais que tu étais une bonne mère, je me rappelais que l'oncle Lazare avait eu de la tendresse pour tes eaux claires, je pensais te devoir de la reconnaissance... Tu es une marâtre, je ne te dois que de la haine...

Mais la Durance, de sa voix de tonnerre, étouffait mes cris ; et, large, indifférente, elle étalait et poussait ses flots avec l'entêtement tranquille des choses.

Je rentrai dans la chambre, j'allai embrasser Babet qui pleurait. La petite Marie dormait en souriant.

— Ne t'effraye pas, dis-je à ma femme. L'eau ne peut toujours monter... Elle va certainement descendre... Il n'y a aucun danger.

— Non, il n'y a aucun danger, répétait Jacques fiévreusement. La maison est solide.

A ce moment, Marguerite, qui s'était approchée de la fenêtre, prise de la curiosité de la peur, se pencha comme folle, et tomba, en poussant un cri. Je me jetai devant la fenêtre, mais je ne pus empêcher Jacques de sauter dans l'eau. Marguerite l'avait bercé, il éprouvait pour la pauvre vieille une tendresse de fils. Au bruit des deux chutes, Babet s'était levée, épouvantée, les mains jointes. Elle resta là, debout, la bouche ouverte, les yeux agrandis, regardant la fenêtre.

Je m'étais assis sur l'appui de bois, les oreilles pleines du grondement des eaux. Je ne sais depuis combien de temps nous étions, Babet et moi, dans cette stupeur douloureuse, lorsqu'une voix m'appela. C'était Jacques qui se tenait au mur, sous la fenêtre. Je lui tendis la main, et il remonta.

Babet le prit avec force dans ses bras. Elle pouvait sangloter, maintenant; elle se soulageait.

Il ne fut pas question de Marguerite. Jacques n'osait dire qu'il n'avait pu la retrouver, et nous n'osions le questionner sur ses recherches.

Il me prit à part, il me ramena à la fenêtre.

— Père, me dit-il à demi-voix, il y a déjà plus de deux mètres d'eau dans la cour, et la rivière monte toujours. Nous ne pouvons rester ici davantage.

Jacques avait raison. La maison s'émiettait, les planches des hangars s'en allaient une à une. Puis, cette mort de Marguerite pesait sur nous. Babet, affolée, nous suppliait. Sur le grand lit, la petite Marie restait seule paisible, sa poupée entre les bras, dormant avec son bon sourire d'ange.

A chaque minute, le péril croissait. L'eau allait atteindre l'appui de la fenêtre et envahir la chambre. On aurait dit qu'une machine de guerre ébranlait la ferme à coups sourds, profonds, réguliers. Le courant devait nous prendre en pleine façade. Et nous ne pouvions espérer aucuns secours humains!

— Les minutes sont précieuses, dit Jacques avec angoisse. Nous allons être écrasés sous les décombres... Cherchons des planches, construisons un radeau.

Il disait cela dans la fièvre. Certes, j'aurais mille fois préféré être au milieu de la rivière, sur quelques poutres liées ensemble, que sous le toit de cette maison qui allait s'effondrer. Mais où prendre les poutres nécessaires? De rage, j'arrachai les planches des armoires, Jacques brisa les meubles, nous enlevâmes les volets, toutes les pièces de bois que nous pûmes atteindre. Et sentant qu'il était impossible d'utiliser ces débris, nous les jetions au milieu de la chambre, devenus furieux, cherchant toujours.

Notre dernière espérance s'en allait, nous comprenions notre misère et notre impuissance. L'eau montait; les voix rauques de la Durance nous appelaient avec colère. Alors, j'éclatai en sanglots, je pris Babet entre mes bras frémissants, je suppliai Jacques de venir près de nous. Je voulais que nous mourions tous dans une même étreinte.

Jacques s'était remis à la fenêtre. Et, brusquement :

—Père, cria-t-il, nous sommes sauvés !... Viens voir.

Le ciel était bon. Le toit d'un hangar, arraché par le courant, venait d'échouer devant la fenêtre. Ce toit, large de plusieurs mètres, était fait de poutres légères et de chaume; il surnageait, il devait former un excellent radeau. Je joignis les mains, j'aurais adoré ce bois et cette paille.

Jacques sauta sur le toit, après l'avoir fortement amarré. Il marcha sur le chaume, s'assurant de la solidité de chaque partie. Le chaume résista; nous pouvions nous aventurer sans crainte.

— Oh! il nous portera bien tous, dit Jacques joyeusement. Vois donc comme il s'enfonce peu dans l'eau !... Le difficile sera de le diriger.

Il regarda autour de lui et saisit au passage deux perches que le courant emportait.

— Eh! voici les rames, continua-t-il... Père, nous nous mettrons, toi à l'arrière, moi à l'avant, et nous conduirons aisément le radeau. Il n'y a pas trois mètres de fond... Vite, vite, embarquez, il ne faut pas perdre une minute.

Ma pauvre Babet tâchait de sourire. Elle enveloppa délicatement la petite Marie dans un châle; l'enfant venait de se réveiller; toute effrayée, elle gardait un silence coupé de gros soupirs. Je mis une chaise devant la fenêtre, je fis monter Babet sur le radeau. Comme je la tenais dans mes bras, je l'embrassai avec une émotion poignante; je sentais que ce baiser était un baiser suprême.

L'eau commençait à couler dans la chambre. Nous avions les pieds trempés. Je m'embarquai le dernier; puis, je déliai la corde. Le courant nous collait contre le mur; il nous fallut des précautions et des efforts infinis pour nous éloigner de la ferme.

Peu à peu, le brouillard était tombé. Lorsque nous partîmes, il pouvait être minuit. Les étoiles se noyaient encore dans une buée; la lune, presque au bord de l'horizon, éclairait la nuit d'une sorte d'aurore blafarde.

C'est alors que l'inondation nous apparut dans toute son horreur grandiose. La vallée était devenue fleuve. D'un coteau à l'autre, entre les masses sombres des cultures, la Durance passait énorme, seule vivante dans l'horizon mort, grondant d'une voix souveraine, gardant dans sa colère la majesté de son jet colossal. Par endroits, des bouquets d'arbres émergeaient, tachant la nappe pâle de marbrures noires. Je reconnus, devant nous, les cimes des chênes de l'allée; le courant nous poussait vers ces branches qui étaient pour nous autant de récifs. Autour du radeau flottaient des débris, des pièces de bois, des tonneaux vides, des paquets d'herbes; la rivière charriait les ruines que sa colère avait faites.

A gauche, nous apercevions les lumières de Dourgues. Des lueurs de lanternes couraient dans la nuit. L'eau n'avait pas dû monter jusqu'au village; les terres basses seules étaient envahies. Des secours allaient arriver sans doute. Nous interrogions les clartés qui traînaient sur l'eau; il nous semblait, à chaque instant, entendre des bruits de rames.

Nous étions partis à l'aventure. Dès que le radeau fut au milieu du courant, perdu dans les tourbillons de la rivière, l'angoisse nous reprit, nous regrettâmes presque d'avoir quitté la ferme. Je me tournai parfois, je regardai la maison qui

restait toujours debout, grise sur l'eau blanche.
Babet, accroupie au milieu du radeau, dans le
haume du toit, tenait la petite Marie sur ses genoux, la tête contre sa poitrine, pour lui cacher
l'horreur de la rivière, toutes deux repliées, courbées dans un embrassement, comme rapetissées
par la crainte. Jacques, debout à l'avant, appuyait
de toute sa puissance sur sa perche; il nous jetait, par instants, de rapides regards, puis se re-
mettait silencieusement à la besogne. Je le secon-
dais de mon mieux, mais nos efforts pour gagner
la rive restaient sans effet. Peu à peu, malgré
nos perches que nous enfoncions dans la vase
à les briser, nous étions dérivés; une force, qui
semblait venir du fond de l'eau, nous poussait
au large. Lentement, la Durance s'emparait de
nous.

Luttant, baignés de sueur, nous en étions arrivés
à la colère, nous nous battions avec la rivière
comme avec un être vivant, cherchant à la vain-
cre, à la blesser, à la tuer. Elle nous serrait entre
ses bras de géant, et nos perches devenaient, dans
nos mains, des armes que nous lui enfoncions en
pleine poitrine avec rage. Elle rugissait, elle nous
cetait sa bave au visage, elle se tordait sous nos
coups. Les dents serrées, nous résistions à sa vic-

toire. Nous ne voulions pas être vaincus. Et il nous prenait des envies folles d'assommer le monstre, de le calmer à coups de poing.

Lentement, nous allions au large. Nous étions déjà à l'entrée de l'allée de chênes. Les branches noires perçaient l'eau qu'elles déchiraient avec des bruits lamentables. La mort nous attendait peut-être là, dans un heurt. Je criai à Jacques de prendre l'allée et de la suivre, en s'appuyant aux branches. Et c'est ainsi que je passai une dernière fois au milieu de cette allée de chênes où j'avais promené ma jeunesse et mon âge mûr. Dans la nuit terrible, sur le gouffre hurlant, je songeai à mon oncle Lazare, je vis les belles heures de ma vie me sourire tristement.

Au bout de l'allée, la Durance triompha. Nos perches ne touchèrent plus le fond. L'eau nous emporta dans l'élan furieux de sa victoire. Et maintenant elle pouvait faire de nous ce qu'il lui plairait. Nous nous abandonnâmes. Nous descendions avec une rapidité effrayante. De grands nuages, des haillons sales et troués traînaient dans le ciel; puis, lorsque la lune se cachait, une obscurité lugubre tombait. Alors nous roulions dans le chaos. Des flots énormes d'un noir d'encre, pareils à des dos de poissons, nous emportaient en tournoyant.

Je ne voyais plus Babet ni les enfants. Je me sentais déjà dans la mort.

J'ignore combien de temps dura cette course suprême. Brusquement, la lune se dégagea, les horizons blanchirent. Et, dans cette lumière, j'aperçus en face de nous une masse noire, qui barrait le chemin, et sur laquelle nous courions de toute la violence du courant. Nous étions perdus, nous allions nous briser là.

Babet s'était levée toute droite. Elle me tendait la petite Marie.

— Prends l'enfant, me cria-t-elle... Laisse-moi, laisse-moi!

Jacques avait déjà saisi Babet dans ses bras. D'une voix forte :

— Père, dit-il, sauvez la petite... Je sauverai ma mère.

La masse noire était devant nous. Je crus reconnaître un arbre. Le choc fut terrible, et le radeau, fendu en deux, sema sa paille et ses poutres dans le tourbillon de l'eau.

Je tombai, serrant avec force la petite Marie. L'eau glacée me rendit tout mon courage. Remonté à la surface de la rivière, je maintins l'enfant, je la couchai à moitié sur mon cou, et je me mis à nager péniblement. Si la petite

ne s'était pas évanouie et qu'elle se fût débat-
tue, nous serions restés tous les deux au fond du
gouffre.

Et, tandis que je nageais, une anxiété me serrait à la gorge. J'appelais Jacques, je cherchais à
voir au loin; mais je n'entendais que le grondement, je ne voyais que la nappe pâle de la Durance. Jacques et Babet étaient au fond. Elle avait
dû s'attacher à lui, l'entraîner dans une étreinte
mortelle. Quelle agonie atroce! J'aurais voulu
mourir; j'enfonçais lentement, j'allais les retrouver sous l'eau noire. Et, dès que le flot touchait à
la face de la petite Marie, je luttais de nouveau
avec une énergie farouche pour me rapprocher
de la rive.

C'est ainsi que j'abandonnai Babet et Jacques,
désespéré de ne pouvoir mourir comme eux, les
appelant toujours d'une voix rauque. La rivière
me jeta sur les cailloux, pareil à un de ces paquets
d'herbe qu'elle laissait dans sa course. Lorsque je revins à moi, je pris entre les bras ma
fille qui ouvrait les yeux. Le jour naissait. Ma
nuit d'hiver était finie, cette terrible nuit qui
avait été complice du meurtre de ma femme et de
mon fils.

A cette heure, après des années de regrets, une

dernière consolation me reste. Je suis l'hiver glacé, mais je sens en moi tressaillir le printemps prochain. Mon oncle Lazare le disait : nous ne mourons jamais. J'ai eu les quatre saisons, et voilà que je reviens au printemps, voilà que ma chère Marie recommence les éternelles joies et les éternelles douleurs.

FIN.

TABLE DES MATIÈRES

CORBEIL. Typ. et sten. CRÉTÉ